JN041810

新時代を生きる力を育む

知的・発達障害のある子の
プログラミング
教育実践

監修：金森克浩　編著：水内豊和　著：海老沢穣、齋藤大地、山崎智仁

はじめに

　文部科学省は小学校の学習指導要領で、「児童がプログラミングを体験しながら、コンピュータに意図した処理を行わせるために必要な論理的思考力を身に付けるための学習活動」として小学校でプログラミング教育を行うことを示しました。今の私たちのまわりにある洗濯機や電子レンジなどの中にもマイコンが入っていて、それらを効率よく動作させるためにプログラムが動いています。世の中を動かしている多くのことは、こういった「仕組み」が隠されています。プログラミング学習では、ただ単にプログラム言語を覚えさせ、プログラマーを養成するということだけではなく、それらの「仕組み」を理解することだと思います。そのために必要なのは、論理的思考を育て、情報化社会を理解するための学習ではないでしょうか。

　ところで、知的障害というのは「記憶、推理、判断などの知的機能の発達に有意な遅れが見られ、社会生活などへの適応が難しい状態（文部科学省）」と定義されています。そのような子供たちに、上記のような論理的思考が育つのか？　という疑問を出されることがあります。「私たちでも難しいのに、知的障害のある子供には使えない」というような、コンピュータを使った実践を知的障害教育で使うことに対して、否定的な意見が多く見られました。しかし、コンピュータだからこそ、知的機能の困難さを補う機器になるのだと考えます。文字情報が視覚情報に、また音声情報や動画などに容易に変えられます。つまり、複雑な事象を理解しやすい形に変換することが可能となります。また、知的障害がある子供の中には全ての知的活動に困難さがあるのではなく、知的障害がないといわれる人よりも、コンピュータの機能を理解して使いこなせる、すぐれた面を示している人もいるはずです。そういった子供たちの、すぐれた面を引き出す役割も考えられます。

　プログラミングでは「順番に行うこと」「繰り返すこと」「判断すること」という考え方が基本となりますが、私たちは、意識せずにこれらの考え方をもとに行動しています。障害のある子供たちでもこの「仕組み」を整理して理解することは、彼らの生活の質を高めるためにも有用になってくると思います。

　さて、総務省は2016年から「若年層に対するプログラミング教育の普及推進」事業に取り組みました。これは、低コストで効果的なプログラミング教育を実施する方法や指導者の育成方法を、クラウドを活用して実証し全国に普及させるためだとされています。そして2017年に、障害のある児童生徒の個々の障害の状態や特性に応じたプログラミング教育を円滑に受けられるように、実証事業を計画しました。私も沖縄県石垣島の皆さんと「知的障害のある児童生徒のクリエイティビティを拡大するプログラミング教育実証」という実践を行いました。この実践では、子供たちの魅力を引き出し、多くの可能性を感じました。本書でもその一部を事例として紹介していますが、これ以外にも沢山の方の魅力的な実践が本書の中に溢れています。ぜひ、沢山の実践をご覧になり、皆さんの学校の参考にして実践に繋げてほしいと思っています。

金森克浩

もくじ

第1章

プログラミング教育の現在

知的障害特別支援学校とプログラミング教育

富山大学人間発達科学部准教授　水内豊和

（1）学習指導要領と特別支援学校での実施に向けて

　2017年4月28日告示の「特別支援学校（小学部・中学部）学習指導要領」では、小学部においては「児童がプログラミングを体験しながら、コンピュータに意図した処理を行わせるために必要な論理的思考力を身につけるための学習活動」を計画的に実施することが求められています（詳しくは第2節を参照）。これを受け、2020年度より、小学校と同様に、特別支援学校の小学部段階においてもプログラミング教育は取り組むべきことと位置付けられました。

　小学校におけるプログラミング教育については、文部科学省などの公的機関より示されたガイドラインをはじめ、具体的な解説や実践事例を紹介した書籍が多数刊行されています。それに比べると、特別支援を要する子供たちに対するプログラミング教育に関するものはほとんどありません。わずかながらに、2017年度に総務省により行われた障害のある児童を対象としたプログラミング教育の実証事業では、全国で10件の事業がなされており、その報告書はインターネット上で見ることができます。しかし、本書で扱うような、知的障害特別支援学校での実践の報告はまだまだ少ないのが現状です。

　筆者は、科学研究費補助金（JSPS科研費18K02816）を受け、2019年2月時点での知的障害特別支援学校小学部におけるプログラミング教育の実施状況についての全国調査を実施しました。調査票を送付した479校のうち、回答のあった151校におけるプログラミング教育の実施状況について見てみましょう。まず、プログラミング教育をすでに実施している学校は、「すべての学級で実施」と「一部の学級で実施」を合わせても6校（3.9%）にとどまり、ほとんどの学校（123校：81.5%）では実施していない・実施の予定はないと回答しました。未実施の主な理由として最も多かったのは「教員の側の知識やスキルが足りない」というものでした。なお「その他」の回答には「プログラミング教育より他に優先すべきことがある」「身近に先行事例がなく必要性やメリットが感じられない」「タブレット使用は児童には刺激が強く、注意集中をより困難にする」などの意見も見られました。

　プログラミング教育をする上で教員の感じる困難を尋ねたところ、プログラミングに対する教員の意識の低さ、知識・スキルの低さのような教員側の課題がまずあげられました。また知的障害のある児童がプログラミング教育を行うことの意義が分からない、容易ではないという子供側への課題も見られました。さらに教育課程にどう位置付けるかという点も課題としてあがりました。

教員の考えるプログラミング教育に必要な条件について尋ねたところ、大きくはプログラミング教育に詳しい教員の配置、またそれに伴う教員研修や指導事例の普及といった指導する教員側の資質向上がまずあげられました。またネットワークインフラ、ハード、ソフト・アプリなどプログラミング教育を行う上での物理的環境整備をあげる人も多くいました。さらには先述同様、プログラミング教育を教育課程にいかに位置付けるかということもやはり重要な条件として考える教員が多く見られました。

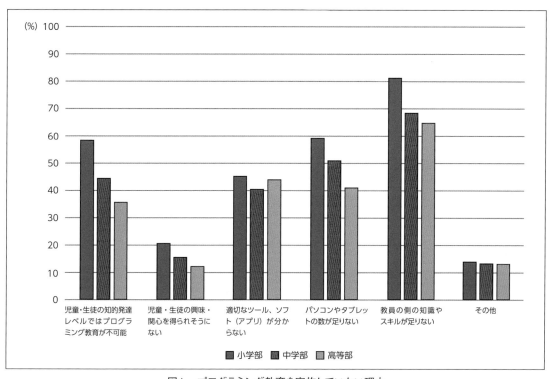

図1　プログラミング教育を実施していない理由

（2）知的障害の特性とプログラミング教育

　このように課題は多数あるものの、一方で、教員は知的障害特別支援学校においてプログラミング教育を実施することで、知的障害のある児童生徒の得られる教育的恩恵についても少なからず考えていました。まず、プログラミング教育のねらいとする、論理的思考を習得するとともに問題解決能力や試行錯誤する力を習得できると捉えています。またそのプロセスにおいて児童生徒自身が適切な作業手順を考えることができ、効率よく行動できることや、そうした思考様式を生活面などで生かせる（例えばサンドイッチを作るときに「パンを並べる」「バターを塗る」「マスタードを塗る」などの活動内容を課題分析する力がつき、視覚的にも分かりやすくすることで1人でもできる）ことをあげる意見も見られました。見通しをもって生活できることは知的障害のある児童生徒にとってとても大切なことであり、プログラミング教育により、自分のこの先に起こることを自己決定するという力を身に付けるためにも、

その見通しを育てていく観点で有効である、という意見に代表されるように知的障害という特性に合っているという考えも見られました。また、情報活用能力が問われる現在、プログラミング教育を通してICTスキルを習熟できることもメリットであるという認識も見られました。さらには、プログラミング教育に用いるハードやソフトなどが魅力的であり、児童生徒の興味関心を惹きつけやすいという意見もありました。

　ただし一方で、知的障害特別支援学校の小学部の段階においてプログラミング教育を行うことに対して、論理的思考ができる発達段階に達している児童はほとんどいないためメリットは見出せないとする意見も少なからず見られました。しかし、これは本当なのでしょうか？

（3）知的発達と論理的思考の関係

　図2は、「ハノイの塔」です。ご存知の方も多いと思いますが、これは、Aの状態にある3段の輪を、Cの棒のところに再現するという課題です。その際、一度に一つの輪しか移動できない、小さな輪の上には大きな輪を乗せることができない、という2つのルールがあります。さて、最短で何手で、Aの状態をCの棒のところで再現できるでしょうか？　紙やペンを用いずに頭の中だけで考えてみてください。答えは後述します。

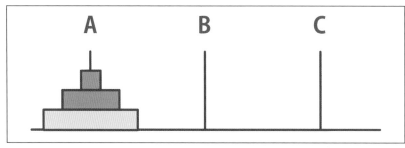

図2 ハノイの塔

　これについては、発達心理学の領域において、ピアジェほか多くの心理学者が思考課題（thinking task）として取り上げてきました。実験から、何歳ごろにこの課題ができるのかが知見として示されており、2段であれば7〜8歳ごろ、3段になると個人差が大きくなり11〜15歳ごろに解決可能というデータが得られています。ちなみに今日、発達とは、受胎から死に至るまでの人の心身、及びその社会的な諸関係の量的及び質的変化・変容のことを指します。一昔前は発達は、発達期、つまり18〜20歳ごろまでとされ、それ以降は老化とされていましたが、今は生涯発達と考えられており、老いも発達です。したがって3段ができなくても読者の皆さんは嘆くことはありません。ちなみに、正解は7手です。もし4段であれば15手になります。

　これらの問題解決の過程は二つに分けられます。一つは「**アルゴリズム**」とよばれるもので、考えうる解決への道筋をしらみつぶしに調べていくというやり方です。やみくもではなくその探索には一定の規則があり、コンピュータが得意とする方法です。図3に示す動画は、様々

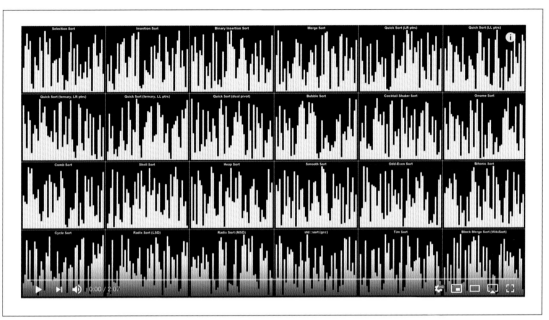

図3 'Visualization of 24 different sorting algorithms' https://youtu.be/BeoCbJPuvSE
（2019/12/25 最終確認）

な数値を示す棒グラフを低い順にソートするアルゴリズムを24種類紹介したものです。とても美しく、見ているとうっとりしてしまいます。

　それに対して人間は、まず大まかな見当をつけて適当な道筋を選び、そのやり方で様子を見てからうまくいかないとなると別の道筋に変えてみるというやり方をとります。これを「ヒューリスティックス」と言います。読者の皆さんもこちらの解法を試したのではないでしょうか？　必ずしも正解にたどり着ける保証はありませんが、ハノイの塔で3段ぐらいまでであれば、運よくいけば少ない時間と労力で正解を得ることもできますね。

　では、これが5段、6段となったら、その回数は何手になるでしょう。さすがにヒューリスティックス型問題解決でやろうと思えないのではないでしょうか？　そんなとき、Scratch（詳しくは第4節 p.30 を参照）のようなビジュアルプログラミングツールがあると、「繰り返し」や「条件分岐」を使って解決できるかもしれませんね。そう思ってネットを調べてみると、すでにありました、Scratch を用いたハノイの塔課題のプログラミング。ぜひ、読者の皆さんも、Scratch でプログラミングしてみてはいかがでしょうか。

　ところで実はこの課題は輪の数（n）がいくらになろうが、計算により手数を導くことができます。n段のハノイの塔を解く手数は「2のn乗－1」手です。この解法を、数学領域から演繹的に導くのではなく、年齢や学年、既習事項を超えて、経験的事実から帰納的に立証する、そのツールとしてビジュアルプログラミング言語が役立つなんてこともおおいにあるかもしれません。

　この課題を人間が行う際には、脳の前頭前野にある実行機能（遂行機能ともいう：

executive functioning）のプランニングや作業記憶という脳機能が用いられると言われます。自閉症スペクトラム障害やＡＤＨＤといった発達障害のある人がこれを頭の中で行う場合、定型発達の人と比べて有意に成績が低いこともこれまでの研究で示されています。実行機能とは、「将来の目標達成のために適切な構えを維持する能力」と定義され、具体的には、目標設定、計画立案、計画実行、効果的遂行、評価などの要素から成り立っています。つまり、効率的な手立てを何もないところから考えることは苦手であっても、手がかりや道具をもとに手順を追って行うことが得意な特性のある人にとっては、プログラミングツールを用いたプログラミング教育は、苦手を克服するのではなく、苦手を補う手段として、有効かもしれませんね。筆者が大学で行っているプログラミング教室においても、知的障害や発達障害のある子供が受講していますが、その子供たちの課題遂行成績は、定型発達の子供と同等かそれ以上に優秀であると感じることも少なくありません。また、プログラミング教育を通して、論理的思考だけでなく、関連する認知的側面、コミュニケーションや社会性などの発達においても有効な側面があることは、筆者らの実践からも明らかになってきています。

　ただし、やみくもに試行錯誤するだけでは論理的に考えることには繋がりにくいということは、特に知的障害のある児童生徒におけるプログラミング教育において留意すべき点です。筆者が2017年度に総務省プログラミング教育実証研究において、小学校の特別支援学級において自閉症スペクトラム障害や知的障害のある子供たちにプログラミング教育を行った際、思考を可視化するためのアナログの支援ツールを多数準備しました（水内・山西, 2018）。つまり、「プログラミング教育」である前に、当たり前ですがまずはやはり「特別支援教育」だということです。したがって、個々の子供の実態把握に基づき、教科・領域における学習内容の目標の達成のための学習活動の一環としてプログラミングを取り入れた教育をどのように織り込んでいくのかが、教員には問われていると言えるでしょう。

（4）本書のねらい

　本書の公刊される時点では、プログラミング教育はまだほとんどの学校が実施していないものの、教員は、プログラミング教育のメリットとして論理的思考や問題解決能力の習得、そこから作業の効率化を図ることができるようになること、学習内容が児童の興味関心に合っているといったことを予想しています。その一方で、教員のほとんどがプログラミング教育の実施に必要な条件としてハードやソフトの整備を求めています。しかし、学習指導要領に示される本来のねらいを達成するためにはアンプラグドなツールや学習内容でも構いません（第4節 p.28 を参照）。このように必ずしもハードやソフトが一人ずつになくても、またそもそもコンピュータを用いなくても実施できる事例を含め、プログラミング教育の先行事例が早急に示される必要を鑑み、本書は企画されました。

　個々の児童生徒によって能力差が大きい知的障害のある子供を対象とする知的障害特別支援学校において、プログラミング教育は一様ではありません。本書が、小学部から高等部まで、

教科・領域等において、多様なプログラミングツールを用いて、教育活動を考える上での現時点での一つの指針として先生方のお役に立てれば幸いです。

参考文献

水内豊和ほか（2017）ソーシャルスキルトレーニングのための ICT 活用ガイド. グレートインターナショナル.

水内豊和・山西潤一（2018）小学校特別支援学級における様々な障害のある子どもに対するプログラミング教育の実践. STEM 教育研究. 1, 31-39.

水内豊和（2019）知的障害特別支援学校小学部におけるプログラミング教育の実施状況と課題. 富山大学人間発達科学部附属人間発達科学研究実践総合センター紀要, 14, 141-145.

水内豊和ほか（2019）発達障害児を対象とした Viscuit によるプログラミング教育. 富山大学人間発達科学部紀要, 14（2）, 149-156.

水内豊和ほか（2019）AI 研究でわかる「プログラミング教育」成功の秘訣. 大修館書店.

水内豊和ほか（2020）AI 時代の「教育」を探る―実践研究者 8 人の予測―. ミネルヴァ書房.

プログラミング教育と教育課程の位置付け

富山大学人間発達科学部附属特別支援学校　山崎智仁

1．各教科等を合わせた指導や自立活動とプログラミング教育との関係

（1）特別支援学校におけるプログラミング教育のねらい

　2020年度から「特別支援学校幼稚部教育要領　小学部・中学部学習指導要領」（文部科学省，2017）が全面実施となります。特別支援学校の小学部においては、「学習の基盤となる資質・能力」の一つである「情報活用能力」の育成を図るため、「児童がプログラミングを体験しながら、コンピュータに意図した処理を行わせるために必要な論理的思考力を身に付けるための学習活動」（文部科学省，2017）としてプログラミング教育の実施が盛り込まれました。プログラミング教育に関する研修会を行うと「将来プログラマーになれるようにするのですか」といった質問を先生方から受けることがあります。しかし、「特別支援学校教育要領・学習指導要領解説　総則編」（文部科学省，2018）に示されるようにプログラミング教育のねらいとは「プログラミング言語を覚えたり、プログラミングの技能を習得したりといったことではなく、論理的思考力を育むとともに、プログラムの働きやよさ、情報社会がコンピュータをはじめとする情報技術によって支えられていることなどに気付き、身近な問題の解決に主体的に取り組む態度やコンピュータ等を上手に活用してよりよい社会を築いていこうとする態度などを育むこと、さらに、教科等で学ぶ知識及び技能等をより確実に身に付けさせること」になります。したがって、特別支援学校において行われるプログラミング教育とは、決してプログラミング技術の習得やプログラマーを目指すものではありません。このねらいは大きく以下の3点になります。

　①論理的思考（≒プログラミング的思考）を育むこと。

　②プログラムの働きやよさ、情報社会がコンピュータをはじめとする情報技術によって支えられていることなどに気付き、身近な問題の解決に主体的に取り組む態度やコンピュータ等を上手に活用してよりよい社会を築いていこうとする態度などを育むこと。

　③教科等で学ぶ知識及び技能等をより確実に身に付けさせること。

　「プログラミング的思考」については「特別支援学校教育要領・学習指導要領解説　総則編」（文部科学省，2018）に「自分が意図する一連の活動を実現するために、どのような動きの組合わせが必要であり、一つ一つの動きに対応した記号を、どのように組み合わせたらいいのか、記号の組合わせをどのように改善していけば、より意図した活動に近づくのか、といったことを論理的に考えていく力」と説明されています。これはプログラミングの要素である「順

序処理（シーケンス）」「繰り返し（ループ）」「条件分岐（イフ）」といった考え方を生かした思考のあり方を意味しており、論理的思考力の一つであると言えます。

（2）特別支援学校における教科等とプログラミング教育の位置付け

「小学校プログラミング教育の手引（第二版）」（文部科学省，2018）には「プログラミング教育は、学習指導要領に例示した単元等はもちろんのこと、多様な教科・学年、単元等において取り入れることや、教育課程内において、各教科等とは別に取り入れることも可能であり、児童がプログラミングを体験しながら、コンピュータに意図した処理を行わせるために必要な論理的思考力を身に付けるための学習活動を行う必要があります」と明記されています。また、それにあわせて教育課程内で実施されるA〜D分類の指導例が示されています。ここでは特に本節と関連が深いB、C分類について説明します。B、C分類とは下記の通りです。

B　学習指導要領に例示されてはいないが、学習指導要領に示される各教科等の内容を指導する中で実施するもの

C　教育課程内で各教科等とは別に実施するもの

B分類にて指導を行う際の留意点としては、先述したプログラミング教育の目標③が重要となります。言い換えると、プログラミングをすることがねらいではなく、各教科等の目標を達成することがねらいとなるのです。プログラミングを生かして教科の目標を達成することは、一見難しそうに思えるかもしれません。しかし、特別支援学校では教員が個々の児童の実態に合わせて教科、各教科等を合わせた指導、自立活動などの学習目標や学習内容を選定することが多いため、プログラミングを取り入れることは比較的容易かと思います。無理にプログラミングを行おうとせず、プログラミングの良さに着目し、日々の学習活動の中でプログラミングを生かせる機会を探せば、意外と多くの機会が見つかると思います。筆者が特にプログラミング教育と親和性が高いと考えているのは、各教科等を合わせた指導や自立活動です。例えば「遊びの指導」では、ロボットを目的地に到着できるようにプログラミングすることで、児童が友達と関わりながら主体的に遊ぶといった遊びの指導の目標やロボットを動かす距離や方向を調べるといった算数科の目標を達成することができ、さらにプログラミング教育の目標も達成することができます。また、筆者の勤務校である富山大学人間発達科学部附属特別支援学校の小学部では、プログラミング教育を取り入れた自立活動を教育課程に位置付けて行っています。この第2節に後述するので、指導を計画する上で参考にしてください。

C分類は、各教科等とは別にプログラミング教育を行うもので、プログラミング教育の目標をねらいとした上で、プログラミングの楽しさを味わったり、プログラミング技術を習得したりすることをねらってもよいことになっています。従来の教材・教具ではなく、新奇性の高いツールを用いることが多いプログラミング教育は、児童の興味・関心が高く、集中して活動に取り組む児童の姿を見ることができると思います。一方で、知的・発達障害児に先述したプログラミングの考え方である「順序処理」「繰り返し」「条件分岐」などの理解を目

標として指導する場合、「順序処理」については多くの児童が理解できると考えられますが、「繰り返し」や「条件分岐」などの理解には一定の知的能力が必要となり、理解が難しい児童もいると思います。「小学校プログラミング教育の手引（第二版）」（文部科学省, 2018）には、「児童の負担荷重とならない範囲で実施することが前提」と明記されており、特別支援学校においては個々の児童の理解度に合わせて無理なく実施することが重要になってくると思います。

私はこれまで算数科、遊びの指導、自立活動などにプログラミング教育を取り入れて実践を行ってきたのですが、私自身もまだ手探りな部分がとても多いです。そして実践を行っている中で気付くことがまだたくさんあります。初めてプログラミング教育を行う先生方もいるかと思いますが、本書を参考に是非実践してみてください。きっと先生方にも新しい気付きをたくさんもたらしてくれると思います。

2．教育課程に位置付けたプログラミング教育の一例

（1）富山大学人間発達科学部附属特別支援学校小学部の取り組みと目標について

富山大学人間発達科学部附属特別支援学校（以下、本校）小学部では、2019年度より自立活動の時間に週一時間45分間のプログラミング教育を取り入れた自立活動「プログラミング」の授業を設けることにしました（図１）。参加する児童は小学１年生から６年生までの全17名（一学年定員３名）で、基本的には一斉指導で授業を行っています（児童の理解度に合わせて複数班に分かれ、一部は別教室にて活動を実施する場合もあります）。授業を設けるに至った理由には、特別支援学校におけるプログラミング教育のカリキュラムの創造、プログラミング教育の効果測定の方法の確立といったことがあげられます。しかし、一番大きな理由は日常生活の中で困難を感じている児童に対して「プログラミング的思考」を育むことで、児童らが主体的に日常生活を過ごすことができるようになるのではないかと考えたからです。この点について、「プログラミング」の目標と関連付けて説明します。「プログラミング」の目標は以下の通りです。

時間割

		月	火	水	木	金
8:20 8:30		登校・着替え・朝の活動				
8:30 8:52		チャレンジタイム				
8:52 9:15		朝の会				
9:25 10:10		キッズタイム グループキッズ				プログラミング
10:20 11:05		国語・算数				
11:15		ずこう	おんがく	せいたん	たいいく	あそ

図1　本校小学部の時間割

①前後左右の理解、ものの位置や方向の認識などといった方向の概念や空間認知能力などの習得を図る。（環境の把握）

②活動の順番を待つ、友達に自分の意見を伝えたり友達の意見を受け入れたりするといった人間関係の形成やコミュニケーション能力の向上を図る。（人間関係の形成、コミュニケー

ション)
　③活動のめあてを達成するために、どのように命令を組み合わせればよいかを考えることで
　　プログラミング的思考を育成する。

　①の目標に関して、本校には前後左右といった方向の概念の理解や方向と方向を示す言葉
の一致が難しい児童が在籍しています。また、空間認知能力が弱いことから目的地まで対象
物を届けるにはどの方向に動かせばよいかなどが分からなかったり、心的回転（メンタルロー
テーションともいい、心の中に思い浮かべたイメージを回転変換する認知的機能）ができず、
対象の視点から方向を考えることが難しかったりする児童の姿も見られます。こうした実態
から①の目標を立てることにしました。プログラミングツールには、自身がロボットの役と
なり命令に沿って指示された方向に動いたり、ロボットのような対象物に命令を与えて動き
の指示をしたりするものが多く見かけられます。これはアンプラグドタイプのものからビジュ
アルプログラミングタイプのものまで共通で言えます。そのため、学習活動を成立させる上で
先述した能力は必須になり（教材や学習課題によって求められる能力の段階は異なりますが）、
個々に合った支援を行うことで習得することができると考えました。

　②の目標に関して、本校の児童には活動が待ち遠しく自分の順番まで活動を待つことがで
きず不安定になったり、自分の意見を一方的に言って相手の意見を受け入れることができず
トラブルになったりする姿が見られます。こうした実態から②の目標を立てました。目標を
達成するため、活動を行う際はペアまたは３名のチームで１つのプログラミングツールを使
うことにしました。そして、児童が落ち着いて活動できるよう支援を行うことで、友達が活
動している様子から学んだり、活動目標達成の喜びを分かち合ったり、互いの意見を伝え合い、
折り合いをつけて活動したりすることができるようになると考えました。

　③の目標に関して、本校の児童には活動への見通しがもてないために不安定になったり、活
動の途中で他に気になることがあって活動が分からなくなったりする姿が見られます。そし
て、推論する力が弱いことから、他者からの問いかけに対して自身に不利益なことがあっても
考えずについ「はい」と答えてしまったり、何を問われているかが分からず不安定になって
しまったりすることがあります。そこで、本校小学部では「プログラミング的思考」を育成し、
論理的に日々の活動を行うことができるようになることで活動への見通しをもったり、最後
まで活動に集中したりできるようになり、先述したような児童の困り感を改善することがで
きるのではないかと考えました。「プログラミング的思考」を育成するため、学習活動の内容
は対象にどのような動きをさせたいか予測する時間を設け、その動きを指示するためにはど
のように命令を組み合わせればよいかを十分に思考できるよう工夫しました。学習活動のめ
あてもそれぞれのペアやチームの児童の理解度に合わせ、思考する必要があるように難易度
を少し高く設定しました。

実践月	単元名	学習活動	プログラミング教材
4	ダンスをプログラミングしよう	「前」、「右」、「ターン」といった振付の中から好きな振付を選択し、オリジナルダンスを作って踊る。	オリジナル教材（アンプラグドタイプ）
5〜7	ピラーちゃんをプログラミングしてごちそうをあげよう	「前進」、「右折」、「左折」の命令を組み合わせ、ロボットを目的地に到達させる。	コード・A・ピラー（タンジブルタイプ）
8〜12	海・山・動物園の生き物をプログラミングで作ろう	海や山などに住んでいる生き物の姿や名前、動きを考え、Viscuit で表現する。	Viscuit（ビジュアルプログラミングタイプ）
1〜3	生活をプログラミングしよう	「着替え」・「買い物」といった生活動作の一部分が描かれた複数のカードを確認し、生活動作が成り立つように正しく並び替える。	True True（タンジブルタイプ）

図2 「プログラミング」の年間指導計画

　年間指導計画は図2の通りになります。初めてプログラミング教育を行う児童も多かったため、1つ目の単元は本校小学部の児童に馴染みのある「ダンス」を構成する振付をプログラミングしてオリジナルダンスを作ることにしました。また、いきなりプログラミングツールを使うことで「プログラミング」の授業は難しいといった思いが児童に生まれないように最初はアンプラグドタイプのプログラミングツールを選定したいという考えもありました。2つ目の単元は「コード・A・ピラー」というタンジブルタイプのプログラミングツールを選定しました。このロボットは命令となる胴体を本体に差込み、ボタンを押すことで容易に動かすことができる点や外見が児童らに馴染みのある絵本のキャラクターと似ており、愛着がもちやすいといった点があり、児童らが意欲的に活動に参加できると考えたからです。3つ目の単元はタブレットＰＣを用いて「Viscuit」というビジュアルプログラミングタイプのツールを使うことにしました。これは先の2つの単元にて「順次処理（シーケンス）」の考え方に慣れてきたことから、それを生かしてプログラミングで自由に表現してもらいたいと考えたことが1つの理由です。もう1つの理由は「特別支援学校幼稚部教育要領　小学部・中学部学習指導要領」（文部科学省，2017）にあるように「児童がプログラミングを体験しながら、コンピュータに意図した処理を行わせるために必要な論理的思考力を身に付けるための学習活動」の場面を設けたいと考えたからです。4つ目の単元は「True True」というタンジブルタイプのプログラミングツールを使うことにしました。このロボットは「コード・A・ピラー」に比べて複雑に動いたり、特定の色をセンサーに読み込ませることで命令を出したりすることができます。この特徴を生かし、この単元では「True True」をプログラミングツールとしてではなく、プログラミングができた際の合否を判定するツールとして利用することにしました。活動内容は「着替え」や「買い物」といった生活動作の一部分が描かれた複数のカードを生活動作が成立するように正しく並び替えるといったものです。このカードの裏にカラーシールが貼ってあり、正し

い順番に「True True」に読み込ませると「True True」がゴールに到着するように工夫しました。この学習活動は「プログラミング的思考」を日常生活の中で生かせるようになったり、児童らが日常生活の中でプログラミングをしているということに気付いたりしてもらいたいという思いから考えました。

（2）「プログラミング」における支援ツールの工夫点

　本校小学部の取り組みを他校に紹介した際、「知的障害があるのでプログラミング教育はできない」「（附属は）知的能力が高い児童が多いからできるのではないか」といった言葉を耳にすることがあります。しかし、知的能力の程度でプログラミング教育ができる、できないといった判断を行うことは誤っていると思います。本校小学部にも、まだ複数の命令の組み合わせを考えることは難しい児童がいます。しかし、そういった児童は命令の数を減らして組み合わせのパターンを限定したり、二択からどちらの命令を使えばよいかを選択したりしてプログラミング教育に取り組んでいます。また、すぐにプログラミングツールを使ってプログラミングを始めるのではなく、手順を細分化し、丁寧に説明を行いながら段階を踏んで理解を深めていくことも大切です（図3、4）。

図3、4　「Viscuit」のメガネの仕組みを理解するため、アナログな支援ツールを併用して学習している様子

　知的・発達障害児にプログラミング教育を行うにあたり、もう一つ工夫している点があります。それは個々の思考を「可視化」することです。知的・発達障害児の中には思考を整理したり、表出したり記憶を保持したりするのが苦手な児童がいます。そのため、対象をどのように動かそうか予測しても活動の途中でどう予測していたか分からなくなったり、いつの間にか予測したことを忘れてプログラミングツールを動かすことに夢中になってしまったりすることがあります。そのため、思考を可視化しておき、事前にどのように予測していたかが一目で分かるようにしておくことが、プログラミング教育を行う上で大切になります。また、思考の可視化にはもう一つ利点があります。それは他者と思考を共有できる点です。先述したように本校の自立活動における「プログラミング」では人間関係の形成やコミュニケーションに関する目標を立てています。この目標を達成する上で思考の共有化は非常に大切な支援となります。自分の予測を他者に伝える際、思考を可視化したツールを一緒に提示することで他

者に自分の予測を伝えることが容易になります。また、他者の予測を見ることで、他者の思考の過程を読み取ったり、他者の予測から自分にはなかった思考を学ぶことができるようになったりします（図5、6）。

図5　考えたダンスの振付案を伝える様子

図6　命令の組み合わせを相談する様子

（3）「プログラミング」の教育的効果について

　本書籍を執筆している現在（2019年12月現在）はまだ自立活動「プログラミング」の実施から1年が経過しておらず、まだ具体的に教育的効果を述べることは難しいのですが、授業の内外での言動や、いくつかの心理検査の結果などから見られた児童の成長について述べます。「プログラミング」の目標①に関しては、多くの児童が前後左右を間違えずに弁別できるようになりました。心的回転に関しては、一部の児童のみですが対象の視点から前後左右が分かるようになりました。認知能力検査（ＣＡＢ認知能力伸長検査）の結果にも伸びがみられます。目標②に関しては、今まで活動が待ちきれず、不安定になっていた児童が自分の順番になるまで待つことができるようになりました。また順番を待っている間は友達の活動の様子を眺め、そこから活動のやり方を学んでいる様子も見られます。今まで一方的に自分の意見を言っていた児童が友達に「どうですか」と言って意見を聞いたり、友達の意見を聞いて「いいね」と答えたりする姿も見られるようになりました。目標③に関しては、「プログラミング」だけではなく、他の授業の際にも少しでも分からないと思うとすぐに教員に答えを求めていた児童がどのようにすれば課題解決できるかをじっくりと考える姿が見られるようになってきました。命令の組み合わせを考える際もやみくもに考えるのではなく、予測に近付けるために修正する姿が見られます。このようにプログラミング的思考の獲得と伸長は、児童生徒の自立を高め、生活に資する力にも影響を与えていると推察されます。

参考文献

山崎智仁・水内豊和（2018a）知的障害特別支援学校におけるタブレット端末を用いた ICT 教材の作成と活用―適応行動の拡大と
　QOL 向上をねらいとして―．とやま発達福祉学年報，9，21-25．
山崎智仁・水内豊和（2018b）知的障害特別支援学校の自立活動におけるプログラミング教育の実践―小学部児童を対象としたグリコー
　ドを用いて―．STEM 教育研究，1，9-17．
山崎智仁・水内豊和（2018c）知的障害特別支援学校におけるプログラミング教育―小学部の遊びの指導における実践から―．富山
　大学人間発達科学部附属人間発達科学研究実践総合センター紀要，13，41-45．
山崎智仁・水内豊和・山西潤一（2019）知的障害特別支援学校小学部における ICT を活用したダウン症児への国語科指導．とやま発
　達福祉学年報，10，57-61．
山崎智仁・水内豊和（2019a）知的障害特別支援学校における 3D プリンターを用いたキャリア教育の実践．富山大学人間発達科学
　部紀要，13（2），257-263．
山崎智仁・水内豊和（2019b）知的障害特別支援学校における教育課程に位置付けたプログラミング教育―（1）小学部自立活動にお
　けるダンスの実践から―．富山大学人間発達科学部紀要，14（1），23-30．
山崎智仁・水内豊和（2019c）知的障害特別支援学校における教育課程に位置付けたプログラミング教育―（2）小学部自立活動にお
　けるコード・A・ピラーの実践から―．富山大学人間発達科学部附属人間発達科学研究実践総合センター紀要，14，51-60．
山崎智仁・水内豊和（2020）ICT を活用した自閉スペクトラム症児へのコミュニケーション指導．日本教育工学会論文誌，43（Suppl.），
　13-16．

授業づくりのコツ

東京学芸大学附属特別支援学校　齋藤大地

　本書には、全国から集められた小学部 11 例、中学部 6 例、高等部 11 例の合計 28 の創意工夫に富んだプログラミング教育の実践が掲載されています。富山大学人間発達科学部附属特別支援学校のように、自立活動の時間にプログラミング教育に取り組んでいる学校もあれば、国語や算数・数学、美術、情報などの教科別の指導、生活単元学習などの領域・教科を合わせた指導、総合的な学習の時間、特別活動などの領域別の指導、クラブ活動など多種多様な時間にプログラミング教育の実践が行われています。

　本書に掲載されている実践は、対象とする児童生徒の実態や授業形態、使用するプログラミングツールなど様々な点で異なっていますが、全ての実践に共通しているいくつかの点があります。それらは、知的障害特別支援学校においてプログラミング教育を実践する上で重要な点であると考えます。本節においては、これらの共通点を「授業づくりのコツ」として紹介したいと思います。

　「授業づくりのコツ」は大きく 3 つに分類されます。1 つ目が「学習活動の設定」です。一般的に授業づくりは、①児童生徒の実態把握、②目標の設定、③学習活動の設定、④支援方法の工夫、⑤実践、⑥評価、⑦改善、という流れで行われます。児童生徒の実態を踏まえた授業の目標を達成するために、どのような学習活動を設定するのかという点が、プログラミング教育を実践する上で最も頭を悩ませる部分ではないでしょうか。第 1 節の全国調査によると、プログラミング教育を実践する上で障壁となっているものに「適切なツール、ソフト（アプリ）が分からない」「パソコンやタブレットの数が足りない」「教員側の知識やスキルが足りない」といったことがあげられています。そのため現状では多くの制約の中でプログラミングに関する学習活動を設定しなければならない状況がうかがえます。ともするとツールありき、ソフトありきの授業になりがちな現状ではありますが、第 4 節に知的障害特別支援学校において有用なプログラミングツールが複数紹介されていますので、事例と併せて読んでいただき、各校の実態に合わせプログラミング教育を実践していただきたいと考えています。本節では、目標に沿ってどのようにプログラミングに関する学習活動を設定するのかについて、そのポイントを紹介したいと思います。

　2 つ目が「支援ツール」です。第 2 節において、思考を可視化するための「支援ツール」が具体的に紹介されていますが、「プログラミング教育の前に特別支援教育である」ということを踏まえた様々な「支援ツール」が本書の事例の中には登場します。そもそも「支援ツール」

とは、武藏（2010）によれば、「児童生徒の弱点を補い、本人のもてる力を十分に発揮するための援助手段である」と定義されており、本書においてもこの定義で「支援ツール」を捉えています。「支援ツール」は個のニーズに応じた支援の核となるものであり、授業に参加する児童生徒全員に対する配慮とは区別して考えます。児童生徒が「なにを」「どこで」「どのように」行えばよいかを分かりやすくするための手がかりは、全員が授業に参加するための配慮であると捉えます。

　3つ目が「教員の支援」です。とかく我々教員は「教えがち」な傾向にあります。従来のコンテンツ・ベースの教育からコンピテンシー・ベースの教育へと大きな転換が図られ、育成すべき資質・能力のもと主体的・対話的で深い学びの視点からの授業改善が求められるこれからの時代において、教員の役割は大きく変わってきます。教員と子供との関係は、「教える－教わる」といった一方通行の関係だけではなく、時には子供が教える役割を担うことで知識・技能の定着を図ったり、子供同士が協働する過程を教員がファシリテートしたりと、場面に応じて教員には様々な役割が求められます。特別支援教育においても、身体的援助→指差し→言語指示というように子供に対する支援を段階的に捉えるといった観点の他に、今後は子供が"考える"ことをどのように支援するかということによりフォーカスを当てていく必要があります。子供たちがプログラミングに取り組んでいる際に、教員はどのように子供たちを支援するべきなのでしょうか。先述した「教員側の知識やスキルが足りない」といったプログラミング教育の実現を阻む我々側の要因とも関連するかもしれませんが、「教える－教わる」といった関係から解放され、子供たちと共に問題を解決していくという在り方も認められてよいのではないでしょうか。

　以下に、3つに分類した「授業づくりのコツ」についてそれぞれ記します。

（1）育てたい力と学習活動

　本書に掲載されている事例を見てみると、その多くが①対象とするツール・ソフト（アプリ）の使い方の説明、②プログラミングに関する学習活動、③発表・まとめ、といった授業の展開となっています。②のプログラミングに関する学習活動には大きく分けて2パターンあり、1つが「目的地を定めてそこにたどり着くまでの道筋をプログラムする」もの、もう1つが「比較的自由にプログラムする」というものです。

　プログラミング教育を通して育むことのできる力として、『論理的に考える』『自己表現が広がる』『協力する』『夢や目標を持つ』などが一般的にあげられます。主として論理的に考える力の育成を図りたい場合には、「目的地を定めてそこにたどり着くまでの道筋をプログラムする」ような学習活動を設定するのがよいでしょう。スタートとゴール（目的地）が明確に示されているという制限のある環境設定の中だからこそ、「ブロックをこう組み合わせると、キャラクターはこう動くのか」「何が間違えているのかな。どう修正すれば動くのだろう」というように子供たちの思考が活性化されます。

一方で、主として創造性の育成や自己表現の拡大を図りたい場合には、「比較的自由にプログラムする」ような学習活動を設定するのがよいでしょう。"自由にしてよい"という状況に困惑する児童生徒もいると思いますが、普段は言葉数が少ない児童生徒がプログラミングというツールを通して、思いもよらない創造性を発揮してくれたり、美術でも描いたことのない絵で自分を表現してくれたりすることもあります。"自由にしてよい"という状況が苦手な児童生徒に対しては、テーマを決めたり、選択肢を用意してあげることが有効です。

　友達と一緒に活動し教え合ったり助け合ったりする力に関しては、2人に1台プログラミングロボットを渡すなどの設定を工夫したり、実態の異なる児童生徒を一緒のグループにするなどの設定によって、育まれる可能性があるでしょう。こうした活動で重要となるのが、子供たち自身が教え合うことや助け合うことのメリットを実感することです。当人たち同士で実感しにくい場合や気付いていない場合は教員が価値付けをしていく必要があります。メリットを実感することで、教え合いや助け合いがその場限りにならず、その他の場面へ広がっていくこともあるでしょう。

　プログラミング教育ではよく「プログラミング"を"学ぶ」と「プログラミング"で"学ぶ」と、プログラミングを目的と捉えるか手段と捉えるかで分けて説明がされることがあります。知的障害特別支援学校においては、そもそもプログラミング自体を理解することが難しいという意見があるように、「プログラミング"を"学ぶ」実践は多くありません。しかし、職業科の設置などでいわゆる軽度の知的障害と呼ばれる生徒も多く特別支援学校に在籍しています。本校（東京学芸大学附属特別支援学校）は普通科のみの学校ですが、当時中学部2年の広汎性発達障害の男子生徒が「プログラミング"を"学ぶ」ことで、将来の夢を抱いたということがありました（齋藤，2018）。彼は、少し教えただけで、Pepper のプログラミングソフトである Choregraphe（コレグラフ）でアプリを製作することができました。自分が作ったアプリで小学部から高等部までの児童生徒が遊ぶ姿を見て、彼は自信を深め、プログラミングによって自己を思う存分表現することができるようになりました。そんな彼が他の授業のアンケートで将来の夢の欄に「プログラマーかな」と書いたのです。このように、プログラミング言語自体の使い方を習得し、それを趣味や仕事に生かすことのできる可能性のある児童生徒もきっといるでしょう。児童生徒の実態に応じて、彼らのまだ見ぬ素晴らしい力を開花させることができるのもプログラミングの良さの一つでしょう。

　プログラミングに関する学習活動の後には、多くの事例において③発表・まとめの時間が設定されていました。その時間にプログラムした成果を発表し、共有する時間です。プログラミング教育に限りませんが、このような評価場面は子供たちの学びにとって非常に有効な学習場面となり得ます。自分（たち）のプログラムを発表することにより、周囲の賞賛を得て自己肯定感が高まるだけではなく、他者との違いを元に自分（たち）自身を振り返って新たな気付きを得ることができるのです。ここでは、集団の生活年齢、発達段階、集団性の高まり等を考慮し、肯定的な他者評価だけにするか、アドバイス的な評価もありにするかどうか決めるとよいで

しょう。

（２）支援ツールの活用

　本書の事例で用いられている「支援ツール」は、活用の目的に応じて、①思考を可視化するもの、②マニュアル的なもの、③画面上の動きを２次元で表したもの、の３つに分類されました。

　①思考を可視化する「支援ツール」は、第２節で紹介されたもの以外に、「計画用紙」というものがあります。児童生徒が、実際にプログラミングする前に自分はこういうものを作りたいとイメージしたものを絵コンテのように書き出すものです。完成形のイメージを保持し続けるのが難しい児童生徒にとっては有効であるだけではなく、イメージを事前にアウトプットすることでゴールが明確となり子供たちの思考が活性化しやすくなります。つまり、自分の思考を可視化することによって、それに近付けようと試行錯誤すること自体が論理的な思考力の育成に繋がります。

　②マニュアル的な「支援ツール」では、授業の最初に説明するような基本的なツールに、使い方に関するマニュアルを児童生徒の実態に応じて用意している事例がありました。本質的なプログラミングに至る前の使い方の段階で留まってしまっていては元も子もないため、そういった傾向のある児童生徒に対して有効な「支援ツール」です。使い方を忘れてしまったときには、いちいち先生や友達に聞かずに手元にあるマニュアルを見ればよいので、本人も安心して学習に取り組むことができます。例えば、Viscuitの実践において、動きに応じてメガネの書き方のマニュアルを作ってあげることで、子供たちはそれらの動きを組み合わせることで自分なりの表現をすることができます。０から創造するのではなく、あるものを自由に組み合わせるということも創造性の発揮であると捉えると、子供たちの豊かな表現を見逃すことがないでしょう。

　③画面上の動きを２次元で表した「支援ツール」では、例えばScratchなど画面上だけでプログラミングが完結するツールを使用すると、プログラムとキャラクターの動きの因果関係が捉えづらい児童生徒がいます。また、一見すると画面上のキャラクターを意図的に操作できているように見える児童生徒も実際は無目的にブロックを組み合わせているだけであることもあります。そういった子供たちに対し、２次元でプログラムとキャラクターの動きを手にとって確認できる「支援ツール」があると、生徒の支援に活用できるとともに理解度を把握することもできます。例えばよく用いられるViscuitでも、紙などでメガネの模型を２つ用意し、半分ずつ重ねることで、メガネの仕組みを、そして順次処理を理解することに繋がります。

（3）教員の支援の再考

　プログラミング教育においては、「教える／教わる」場面と「考えさせる／考える」場面とのバランスを考慮し、1つの授業だけではなく両方の場面を意図的に指導計画に組み込むことが鍵となります。教員が「教える場面」ばかりを意識し、本来は子供たちに考えてほしいはずのプログラムまで教えてしまっては意味がありません。反対に「考えさせる場面」ばかりを意識し、子供たちが考える際のもととなるプログラミングの基本的な使い方などを十分に教えないのではこれまた意味がありません。

　事例の「授業の流れ」の「指導上の留意点」に書かれている教員の支援を見てみると、例えば「失敗を恐れず、安心して活動できるように声かけをする」「失敗してもキャラクターの動きを見せながら、どこを間違えてしまったのか考えさせる」などがあります。これらは子供たちが失敗することを前提として書かれた教員の支援です。他の多くの授業では失敗しないことを重視し、失敗しないために課題設定や支援方法等に工夫をしますが、プログラミング教育においては失敗は単なる失敗ではなく次の学びのヒントがたくさん詰まっている成功への重要な一過程です。とはいえ、失敗することに慣れていない子供たちも多くいるため、授業の前提として失敗しても大丈夫であることは授業全体を通して伝えていきたい事柄です。失敗したときも、すぐに答えを教えるのではなく、どこで間違えてしまったのか考えさせるなど、ヒントを与え段階的に支援していくことで、子供たち自身が成功したと実感できるようにするとよいでしょう。

　子供たち同士がペアやグループになって活動する際には、基本的に彼らの活動を見守ります。彼らの作業が滞っていたり、対話が十分になされていない場合には、教員は彼らの間に入り安易に解決策を教えるのではなく、困っていることなどを聞いたりして活動や思考を整理し方向付けてあげましょう。

参考文献

武藏博文（2010）発達障害のある子とお母さん・先生のためのわくわく支援ツール. エンパワメント研究所.
齋藤大地（2018）魔法の言葉成果報告書. https://maho-prj.org/2017PRJ/lreports/B_齋藤大地_東京学芸大学附属特別支援学校.pdf

使える！　プログラミングツール解説

東京都立石神井特別支援学校　海老沢穣

1．プログラミングツール選定の指針

　プログラミングツールは大きく次の5つのタイプに分けることができます。

---

(1)コンピュータ（PCやタブレット、スマホ等）を使わずにカードや身体などのツールを使ってプログラミングを体験するアンプラグドタイプ

(2)実物のパーツやブロック、カード等を操作しながらプログラミングを行うタンジブルタイプ

(3)PCやタブレットの画面上でアイコンやブロックを操作するビジュアルプログラミングタイプ

(4)PCやタブレット上でプログラミングし、接続した外部のロボット等を操作するフィジカルプログラミングタイプ

(5)文字、記号、数字のみでプログラムを記述するテキストプログラミングタイプ

（未来の学びコンソーシアム「小学校を中心としたプログラミング教育ポータル」を参照）

---

　(1)のアンプラグドは(2)以降のコンピュータを使用したプログラミングに移行する際の導入として位置付けられます。(2)のタンジブルタイプは実物を操作しながら学べる良さがあり、(3)のビジュアルタイプは画面上で物理的制約のない様々な動きや操作が可能である点が特徴です。(4)は端末上でビジュアルタイプのプログラミングを行い実物のロボット等を操作できる点に魅力があります。(5)はキーボードによるテキストの入力が必要ですが、本格的なプログラミングの学習へと展開させることができます。

　ツールを選定するにあたっては、児童生徒の発達段階や実態等に合わせること、PCやタブレットなどの端末使用やWi-Fiの有無、OSとの関連、各種ツールの特徴と実際の授業や単元での生かし方などを考慮する必要があります。それでは各種プログラミングツールについて簡単に紹介をしていきましょう。

２．各種プログラミングツールの解説

（１）アンプラグド

① 「ルビィのぼうけん」シリーズ

（開発元：リンダ・リウカス / 翔泳社）（有料、動作環境：なし）

　主人公ルビィが宝石集めを通してプログラミングに必要となる考え方にふれる絵本。「一つ一つの手順を明確にして計画を立てる」「命令を正しい順番に組み立てる」といった考え方が物語の中で展開します。全４巻がシリーズとなっています。アンプラグドのワークショップ用スターターキットも発売されています。

② 「アルゴリズムえほん」シリーズ

（開発元：松田 孝 / フレーベル館）（有料、動作環境：なし）

　プログラミングの土台となるアルゴリズムを物語の中で紹介した絵本。日本の小学生の日常生活をベースに物語が展開している点が分かりやすいです。プログラミングの授業をする際の指導者向けのアドバイスや解説ページが含まれています。全４巻のシリーズ。

（２）タンジブル

① 「コード・Ａ・ピラー　ツイスト」

（開発元：フィッシャープライス、販売元：マテル・インターナショナル）（有料、動作環境：なし・要単３電池）

　５つの胴体に「前進」「右折」「左折」「しゃべる」などの８種類のコードが４つずつ搭載されているイモムシ型ロボット。胴体のダイヤルを回すことでロボットをどのように動かすかのプログラムを指定することができます。ボタンを押すとライトアップし、指定された順番通りにイモムシが自走します。

② 「GLOCODE（グリコード）」

（開発元：江崎グリコ）（教材は無料だがポッキーなどの準備が必要、動作環境：iOS、Android）

　お菓子（ポッキー）を縦や横向きに並べると、その並べ方が命令となって、画面上のキャラクターを動かすことができます。並べたポッキーをタブレットで撮影することでプログラムを実行します。

③「キュベット」

（開発元：プリモトイズ、販売元：キャンドルウィック）（有料、動作環境：なし・要単3電池）

　「前進」「右折」「左折」「繰り返し」の4種類のブロックを木製パネルにはめこみ、本体を動かすことができます。付属の布製のマップ上でスタートとゴールを決め、ゴールに到着するにはブロックをどう並べればよいかを考えて取り組みます。「宇宙」「海」などをテーマにしたマップが別途販売されています。

④「カードでピピッと　はじめてのプログラミングカー」

（開発元：学研ステイフル）（有料、動作環境：なし・要単3電池）

　スタートとゴールを決めてどんな命令を"くるま"に出すかを考え、思考を整理し、「前進」「後進」「右折」「左折」などのカードを"くるま"にかざすと、命令通りに動かすことができます。付属の冒険マップの上でゴールに到着するにはどうすればよいかを考えながら取り組むことができる教材です。

⑤「True True」

（開発元：ケニス）（有料、動作環境：なし・リチウム充電池）

　「前進」「右折」「左折」など29種類のカードがあり、順番に差し込むと命令通りに動かすことができます。手のひらサイズの小型ロボットのため、机の上など小さいスペースでも動かせます。床面の色で命令を出したり、線の上を動かすライントレースができたりする機能のほか、タブレットやWindowsPCと接続し専用のアプリやソフトウェアでプログラミングをすることも可能な点が特徴です。（フィジカルタイプのプログラミングツールにもなる）

⑥「Osmo Coding Awbie」

（開発元：Osmo）（有料、動作環境：iOS）

　「歩く」「ジャンプ」などの命令が書かれたブロックを組み合わせ、実物のブロックをミラーとカメラで読み取ってタブレット上のキャラクターを動かすインタラクティブタイプの教材。課題をクリアすると、ゲーム形式で次のストーリーに展開していくことができます。

（3）ビジュアル

① 「Viscuit」

（開発元：デジタルポケット）（無料、動作環境：ブラウザ、iOS、Android)

　自分の描いた絵を「メガネ」に入れ、命令を出して動かすことのできるビジュアルプログラミング言語。指導者向け資料や環境がサイト上に準備されています。未就学児や特別に支援が必要な子供への配慮を工夫したプログラム「もっとやさしいビスケット」があります。

② 「Scratch Jr」

（開発元：Scratch 財団）（無料、動作環境：iOS、Android)

　画面上でブロックを組み合わせ、キャラクターに命令を出して動かすことができます。写真や絵を取り込んだり背景を変更したり、また声や音を録音する機能を使用したりすることで、オリジナルの物語作りなどに発展させることができます。

③ 「Scratch」

（開発元：Scratch 財団）（無料、動作環境：ブラウザ、Windows)

　「10 歩動かす」「1 秒待つ」といった、画面上に準備されているブロックを組み合わせてプログラムを作り、作ったプログラムによって画面上のキャラクターを動かします。操作はＰＣ上で主にマウスを使用します。様々なキャラクターや背景画像が用意されているため、オリジナルの作品作りをすることができます。

※ Scratch は、MIT メディア・ラボのライフロング・キンダーガーテン・グループの協力により、Scratch 財団が進めているプロジェクトです。https://scratch.mit.edu から自由に入手できます。

④ 「Minecraft」

（開発元：Mojang）（有料、動作環境：iOS、Windows、Android、その他)

　Minecraft: Education Edition（教育版マインクラフト）は、マインクラフトをプログラミング教育・情報教育・協同学習などの教材として使えるようにした教育向けエディションです。複数の端末で1つの世界を共有することができるため、テーマを設定することで複数の児童生徒が共同で作業を行うことが可能です。

（4）フィジカル

① 「Sphero SPRK ＋」

（開発元：Sphero）（有料、動作環境：iOS、Android、その他）

　ＰＣやタブレットと接続させ、画面上で命令を出すと、球体のロボットを指示通りに動かすことができます。「ドロー」「ブロック」「テキスト」の3つの方法でプログラミングできる「Sphero Edu」というアプリが提供されています。完全防水型なので、絵の具で色をつけたり水の中で動かしたりといった授業に展開することが可能です。

② 「Tello」

（開発元：Ryze Tech）（有料、動作環境：iOS、Android）

　タブレットと接続して操作する小型ドローンです。重量が80 gのため、航空法による規制を受けずに使用ができます。専用アプリにプログラミングのステップが設定されており、実際にプログラミングをして飛行させることができます。アプリ「Tello」で操作するとカメラによる撮影が可能です。

③ 「embot」

（開発元：NTTドコモ、販売元：タカラトミー）（有料、動作環境：iOS、Windows、Android・要単4電池）

　付属のダンボールと電子部品でロボットを組み立てて、アプリでプログラミングをして動かすことができます。ロボットには、サーボモーターを動かす、ＬＥＤを光らせる、ブザーで音階を鳴らす、という機能があり、専用のアプリで命令を出して動かします。プログラミングには、ブロック式とフローチャート式の2種類が用意されています。

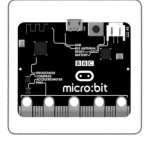

④ 「micro:bit」

（開発元：BBC）（有料、動作環境：ブラウザ）

　ＬＥＤやセンサーなど様々な機能が搭載された教育用コンピュータで、ブラウザ上でプログラミングし、本体を動かすことができます。各種センサー、無線通信機能などを活用し、工作作品などを動かすことも可能です。活用には、micro:bit 本体のほか、プログラムを書くためのＰＣ、両者を繋いでデータ転送するケーブル、スタンドアロンで使用する際の電池ボックス等が必要となります。

（5）テキスト

① 「Ichigo Jam」
（開発元：jig.jp）（有料、動作環境：BASIC）

　プログラミング専用の小型コンピュータ。各パーツを基板にハンダ付けするところから作成でき、コンピュータを手作りする工程を体験できます。別売りのモニターとキーボードを接続する必要があります。テキスト言語である BASIC でプログラムを入力し、自分で組み立てたコンピュータを動かすことができます。

② 「Hour of Code」
（開発元：Code.org）（無料、動作環境：ブラウザ、Windows、Android、その他）

　インターネットに接続できる環境があれば、サイト上でプログラミングの学習に取り組むことができます。人気のキャラクターが登場するコースもあり、様々な種類の自学教材が数多く用意されています。

③ 「Swift Playgrounds」
（開発元：Apple）（無料、動作環境：iOS、mac OS）

　iOS アプリ・macOS アプリを作成するためのプログラミング言語 Swift を、ステップを踏んで学ぶことができる iPad と Mac のためのアプリです。チュートリアルに沿って進めていくことができます。Swift Playgrounds 上でプログラミングしたコードでドローンやロボットを動かすこともできます。

（6）その他

① NHK for School「Why!? プログラミング」
（無料、動作環境：ブラウザ、iOS、Android）

　ビジュアルプログラミング言語 Scratch を番組の中で学ぶことができるようになっています。授業で必要となる手順や活動をクリップとして短時間紹介することも可能です。

② NHK for School「テキシコー」
（無料、動作環境：ブラウザ、iOS、Android）

　プログラミング的思考（テキシコー）を学ぶことのできる番組です。「分解」「組み合わせ」「抽象化」などの概念が分かりやすくアニメーションで紹介されています。

3. プログラミングツール活用の流れ

　以上ご紹介したツールを小学部・中学部・高等部の各段階でどう活用すればよいでしょうか。松田（2016）を参考に、知的障害特別支援学校におけるプログラミングツールの活用を図式化しました（図1）。縦軸に「育てたい力」、横軸に「生活年齢（ＣＡ）及び精神年齢（ＭＡ）」をとり、各学部段階で活用しやすいツールをまとめてあります。実際には児童生徒の発達段階や実態等を考慮することが必要になりますが、アンプラグドからテキストへのプログラミング教育の大まかな流れを把握しておくことが大切です。

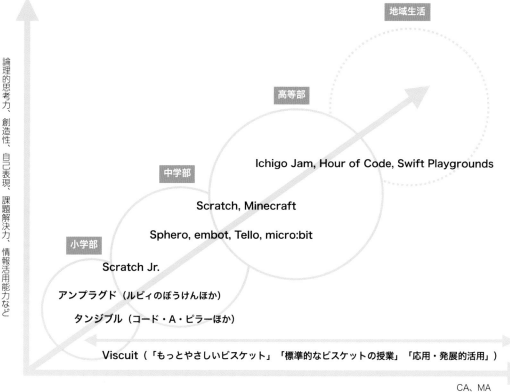

図1　知的障害特別支援学校におけるプログラミングツール活用の流れ

※本節で紹介したプログラミングツールの動作環境のうち、iOS に対応したツールについては、iPad OS にも対応していることを確認している（2020 年 3 月現在）。

参考文献
未来の学びコンソーシアム「小学校を中心としたプログラミング教育ポータル」
　https://miraino-manabi.jp/dictionary
松田　孝（2016）プログラミング教育必修化　小学校現場導入における年間指導計画づくりのための基本的視座　−ビジュアル・プログラミング言語、その体系化の試み−. 日本デジタル教科書学会年次大会発表原稿集, 5（0）, 53-54.

第2章

プログラミング教育
実践事例

自立活動	ダンスをプログラミングしよう

富山大学人間発達科学部附属特別支援学校　小学部　山崎智仁

学習目標

○踊りたいダンスの動きを考え、ダンスの動きにあった振付を複数の選択肢の中から選んだり、振付の順番を考えたりすることができる。

○ダンスの振付の順番の通りに正しく踊ることができる。

○友達に取り入れたいダンスの振付を伝えたり、友達の取り入れたいダンスの振付を聞いて受け入れたりすることができる。

踊りたいダンスの動きを考え、ダンスの動きにあった振付を複数の選択肢の中から選んだり、振付の順番を考えたりすることができる。ダンスの振付の順番の通りに正しく踊ることができる。【シーケンス】

　本実践は、用意された8種類のダンスの振付の中から踊りたい振付を4種類選び、振付順を考え、オリジナルダンスを作って踊る学習活動を、少人数グループで行うものである。前後左右の弁別能力や空間認知能力を育成したり、ダンスの振付順を論理的に考える力を養ったり、友達と意見をやりとりする中で人間関係を形成したりすることを目指している。

　また、自分たちで作ったオリジナルダンスを友達に紹介したり、全グループのダンスの振付を繋げて全員で踊ったりすることで、学習活動への意欲が高まるようにした。

使用するツール・支援のポイント

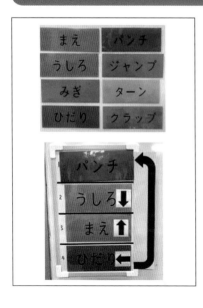

【振付カードと作戦ボード】

　本実践では、ダンスの振付が書かれた「振付カード」と、A4サイズのホワイトボードで作った「作戦ボード」を使用した。

　「振付カード」は「まえ」「うしろ」「みぎ」「ひだり」「パンチ」「ジャンプ」「ターン」「クラップ」の8種類の振付に合わせてカードを作成した。また、方向の概念の取得を目指す児童がいるグループのカードには矢印で動く方向を示す視覚支援を取り入れた。

　本実践のオリジナルダンスは8小節分に相当する4つの振付から構成することにしたため、「作戦ボード」には4枚の「振付カード」を貼ることができるようにした。また、ダンスは2回繰り返して踊るため、作戦ボードの右側には繰り返し（ループ）

を意味する矢印を取り付けた。

　ダンスを踊ったり発表したりする際は、前方の大型テレビに「作戦ボード」を撮影した写真を映し出し、どのような振付を考えたのか、次に踊る振付は何か、などが分かるようにした。

【見本動画（DropTalk）と手元カード】

　ダンスを踊る際、どのように動けばよいか分からない児童のため、VOCA アプリ「DropTalk」のキャンバス機能を活用し、各振付のボタンを押すと、その振付の見本動画が前方の補助用テレビに流れるようにした。そして、振付が切り替わる直前に教員が次の振付の動画を流すことで、動きが分かりやすくなるよう支援した。

　また、補助用テレビに注目することが難しい児童には、手元で次の振付の動きを確認できるように、「手元カード」も作成した。「手元カード」にも動く方向を示した矢印や動きを表す写真などの視覚支援を取り入れた。

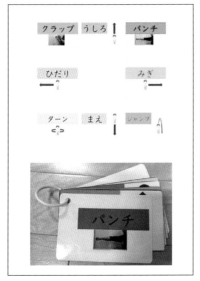

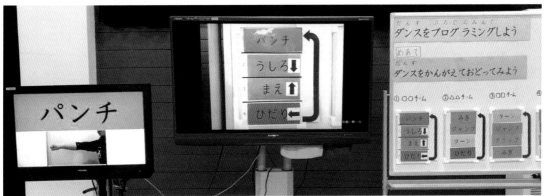

児童の実態

・方向の概念、方向を示す言葉の意味を理解できている、または方向の概念の習得を目指す児童
・2〜3名程度のペアまたはグループのチームを2チーム以上
・本実践では小学部1年生から6年生まで全員参加

指導計画

次・時数	学習活動内容
第1次	振付「まえ」「うしろ」「みぎ」「ひだり」
第2次	振付「まえ」「うしろ」「みぎ」「ひだり」「ジャンプ」「ターン」
第3次（本時）	振付「まえ」「うしろ」「みぎ」「ひだり」「ジャンプ」「ターン」「パンチ」「クラップ」

授業の流れ

	本時の展開	指導上の留意点
展開	①複数あるダンスの振付の中から踊りたい振付を4つ選び、順番を考える。 （それぞれのチームでオリジナルダンスを作り、みんなで踊りましょう。） ●僕は「みぎ」に動きたいな。 ●私は「ジャンプ」がいいな。 ●どうやって決めようか。 ●ジャンケンはどう？ ●順番に決めるのはどう？	●振付を選ぶ際、一部の児童がほとんどの振付を決めてしまわないよう、みんなで振付を考えることをグループで確認したり、教員からいくつかの決め方の提案をしたりする。
	②考えたオリジナルダンスを踊り、振付の確認をする。 ●次はジャンプだね。 ●結構難しいね。 ●この振付変えたいな。	●振付の動きが分からない児童には、見本動画を流し、テレビ画面に注目するように言葉かけをしたり、教員が手元カードを提示して振付の動きが分かるようにしたりする。
	③オリジナルダンスの発表をしたり、他のチームの発表を聞いたりして実際にダンスを踊る。 ●僕たちが考えたダンスはこれです。工夫したところは「まえ」から「うしろ」に動くところです。 ●○○チームのダンス、面白いね。 ●私たちのダンス、みんなに踊ってもらえて嬉しいな。	●発表チームの作戦ボードを撮影した写真を大型テレビに写す。 ●発表時には、振付を紹介してもらうだけではなく、どうやって振付を決めたのか、どんな工夫をしたのかなどを尋ね、頑張りを賞賛することで活動意欲が高まるようにする。 ●見本動画を流し、テレビ画面に注目するように言葉かけをしたり、教員が手元カードを提示して振付の動きが分かるようにしたりする。
	④全てのチームのオリジナルダンスを一つに繋いだスーパーオリジナルダンスを踊る。 ●ダンスって楽しいね。 ●踊るのって気持ちいいね。	●作戦ボードを撮影した写真をダンスの進行に合わせて大型テレビに写す。 ●見本動画を流し、テレビ画面に注目するように言葉かけをしたり、教員が手元カードを提示したりして振付の動きが分かるようにする。
まとめ	⑤本時の振り返りを行う。	●チームで協力して楽しくオリジナルダンスを作ることができたことを振り返り、次回の活動への意欲が高まるようにする。

実践を振り返って

　本実践は、第1章第2節で紹介した本校小学部のプログラミング教育を取り入れた自立活動「プログラミング」の最初の単元として行った授業である。児童らは「プログラミング」という名前に難しそうなイメージをもったようで、失敗することへの不安感が強い児童の中には授業の前から不安定になる者もいた。

　しかし、活動を始めると、プログラミングする対象が児童らにとって普段から行っていて馴染みのあるダンスであったことや、踊りたいダンスの振付と振付順を考えるといった内容であったため、見通しがもてたようで安心する姿が見られた。ダンスの振付を選ぶ際は、それぞれの児童が踊りたい振付を思い思いに話し、それぞれのチームで仲良く決めることができた。ダンスを踊る際は、ほとんどの児童が大型テレビに映った作戦ボードを確認して順番に正しく踊ることができたため、【シーケンス】の考え方についてよく理解できていたと考えられる。

　ただし、オリジナルダンスには決まった正解がないため、ダンスの振付を考える際にプログラミング的思考を生かして活動を行う必要はほとんどなかった。本実践を再度行うとすれば、振付を決める前に、チームの全員で、どのようなオリジナルダンスにしたいか、どのような動きを取り入れたいかということを話し合ったり、ダンスの名前をみんなで考えたりする活動を設けたいと考えている。

　また、本実践には入学したばかりの小学1年生も参加した。方向の概念の理解ができていないこともあり、当初は参加率が高くなかったが、「見本動画」や「手元カード」などの視覚支援を活用することで参加率が高まっていった。活動最終日には、見本動画を見ながら自ら進んでダンスを踊る姿も見られたため、プログラミング教育の導入に本実践は向いているのではないかと感じた。

発展・応用に向けて

　本実践は、振付の組み合わせや順番に正解・不正解がないため、児童がプログラミング的思考を行わず、適当に振付を選出してしまう可能性があります。そのため、事前にどのようなダンスにしたいのか、どのようなダンス名にするのか、といったダンスのイメージ化や共有化をグループで図る時間を設けたり、イメージに合う振付を選ぶよう指導したりすることが大切になります。(水内)

国 語	# オリジナルの『ルビィのぼうけん』の絵本を作ろう

大阪教育大学附属特別支援学校　小学部　松本将孝

学習目標

接続詞を入れて、作文をすることができる。
考えたことや書いた作文を進んで発表することができる。

「○○したら、▲▲になる」という因果関係を捉える力（論理的思考）を身に付け、日常生活での場面理解の仕方に般化させる。【シーケンス】

本実践は、「国語」の絵本作りの授業にプログラミング学習を取り入れたものである。絵本『ルビィのぼうけん　こんにちは！　プログラミング』で主人公ルビィが繰り広げる冒険を追いかけながら、ストーリー展開を再構成した絵本を一人1冊ずつ作っていく。

絵本作りとプログラミング学習を同時に行うための工夫として、ルビィが経験した出来事になぞらえた内容の、プログラミング的思考を活用して解く自作プリントを用意し、解き終わると絵本の挿絵が完成するようにした。論理的思考を習得・般化しやすいよう、接続語の学習も取り入れた。

最終のねらいは、「プログラミング学習を通して、論理的思考を身に付け、現実の出来事やトラブルを捉えなおすことができる」こととした。学習に取り組む中で、手順に沿って課題をこなせるようになり、接続語の意識が少しずつ培われていった。日常生活への般化はこれからの課題であるが、「○○だから、▲▲になっているんだな」というように、少しずつではあるが周囲の状況の理解ができるようになってきた。

使用するツール・支援のポイント

【『ルビィのぼうけん　こんにちは！　プログラミング』】

プログラミング的思考法の基本を紹介する、子供向けの知育絵本（リンダ・リウカス作、鳥井雪訳、翔泳社、2016 年）。好奇心旺盛な主人公ルビィが、5つの宝石を探し集めるための冒険を通してプログラミング的思考にふれる物語である。

例えばルビィは冒険の中で、水中にある宝石を探すため、ペンギンたちに協力を依頼する。しかしペンギンたちには「くわしく、こまかく」言わないと言葉の意味が伝わらない。このような課題を、ルビィは持ち前のプログラミング的思考法で乗り越えてゆく。

後半にはプログラミング的思考を身に付けるための練習問題や、用語集等が掲載されている。

【冒険マップ】

　ルビィが冒険した世界の地図。絵本の中でルビィは、ヒントが書かれた紙切れを手がかりに、登場人物（動物）の居場所を地図に書き込む。第2次の授業では、児童自らもヒントカードを読み取って、地図の中に登場人物（動物）のイラストを貼り付けていった。授業の際には、この地図を必ず掲示し、ストーリー展開の理解の材料とした。

【アプリ：「のこるんです　OMELET」】

　絵本を再構成し、オリジナルな展開を考えるため、教員が「できる限り"近道で"冒険できるようにする」という条件を出した。児童は、どのルートが最短で目的地にたどり着けるのか、タブレットを使って考えた。

　「のこるんです」は、大阪教育大学が提供する学習履歴を管理するためのiOS（iPad）用アプリで、児童の回答の軌跡を動画で確認することができる。電子黒板とタブレット端末を接続し、動画を拡大再生することで、児童の思考の過程を理解・共有しやすくした。

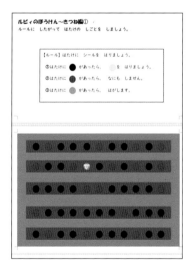

【自作プリント：「畑の中から宝石を見つけよう」】

　ルビィが経験した出来事になぞらえた内容の自作プリントを作成した。解き終えたプリントはオリジナル絵本の挿絵として利用する。

　このプリントは、決められた手順（プログラム）に従って、シールを貼ったりはがしたりするというもの（文の読み取り）。その作業の中で、隠れている宝石を見つける。

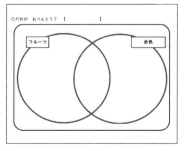

【自作プリント：「お弁当を作ろう」】

　絵本のストーリーにはないオリジナルの課題。

　弁当の具を仲間分けする。食べ物をAとBに分類し、「AかつB」の条件に合致するもの（左図の2つの円が重なる範囲）が弁当の具になる（分類学習）。

児童の実態

A

知的障害、広汎性発達障害
第 3 版 SM 社会生活能力検査（SA）：
3 歳 4 か月
太田ステージ評価（LDT-R：Stage）：
　Stage Ⅱ -2
TOM 通過課題：－

C

知的障害、自閉症
第 3 版 SM 社会生活能力検査（SA）：
3 歳 6 か月
太田ステージ評価（LDT-R：Stage）：
　Stage Ⅱ -2
TOM 通過課題：－

E

知的障害、自閉症
第 3 版 SM 社会生活能力検査（SA）：
4 歳 10 か月
太田ステージ評価（LDT-R：Stage）：
　Stage Ⅱ -2
TOM 通過課題：－

B

知的障害
第 3 版 SM 社会生活能力検査（SA）：
5 歳 0 か月
太田ステージ評価（LDT-R：Stage）：
　Stage Ⅳ後半
TOM 通過課題：△

D

知的障害、ダウン症
第 3 版 SM 社会生活能力検査（SA）：
5 歳 10 か月
太田ステージ評価（LDT-R：Stage）：
　Stage Ⅱ -2
TOM 通過課題：－

・本実践は上記 5 名で、集団活動・個別学習を織り交
ぜながら学習を進めた。

指導計画

次・時数	学習活動内容
第 1 次	**『ルビィのぼうけん』のお話を知ろう** ①範読を聞く　②音読する　③登場人物の確認をする
第 2 次 （本時）	**絵本からヒントを読み解こう** ①イラストや文の中からヒントを探す。 ②ヒントを読み解いて、答えを探す。　　　］プログラミング的思考の学習 ③答えを発表する。
第 3 次	**ヒントを読み解いた結果を文章にしよう** ①接続詞を入れて、文章を完成する。 ②完成させた文章を視写して、製本する。
第 4 次	**オリジナルストーリーを発表しよう** ①みんなの前でオリジナルストーリーを発表する。 ②友達とストーリー展開の違うところを発表する。

・第 1 次の後、第 2 次・第 3 次を繰り返してから、第 4 次に取り組んだ。

授業の流れ

	本時の展開	指導上の留意点
導入	①本時の学習箇所の読み聞かせを聞く。	●教員は学習箇所を丁寧に読む。
展開	②ぼうけんマップを完成させる。 ●登場人物（動物）の居場所のヒントが書かれたカードを読む。 ●ヒントから、登場人物が地図上のどこにいるかを考え、その場所にイラストを貼り付ける。	●児童一人ずつにヒントカードを手渡し、それを読み上げるように促す。 ●対話的に取り組めるように、配膳台の上に冒険マップを置き、周りに椅子を持ってくるように促す。 ●分からない場合は、友達に質問してもよいことを伝え、質問する際のルールを提示する。
展開	③冒険の順番を考える。 ●完成したマップを見ながら、できる限り"近道で"冒険するための順番を全員で話し合って決める。 ●順番の確認を全体で行う。	●「できる限り"近道で"冒険できるようにする」という条件を提示し、冒険の順番を考えるよう促す。 ●児童が操作するタブレットの画面を電子黒板で映し出すことで、全員で思考を共有する。 ●教員が児童の仲介をしながら、児童同士で対話的に取り組めるように場面を設定する。
展開	④自分たちで決めた冒険の順番に従って、絵本の挿絵を作る（プリントを解く）。 ●プログラミング的思考を活用しながらプリントを解いていく。	●プリントを解き終わると挿絵が完成する。プログラミング的思考を活用して解いていくことが大切なので、プリントごとに決められた手順を確認してから課題を進めていく。 ●後で発表する際に参照できるよう、児童の思考の過程を記録しておく。
まとめ	⑤答え合わせを行い、一人一人の考えを全員で共有する。	●取り組みについては、ストーリーの本筋から大きくずれていなければ、児童の回答を尊重する。 ●どのように課題に取り組み、その回答となったのかについて、児童に説明・発表を求める。 ●説明が難しい児童には補助的な言葉かけをする。 ●教員はこの説明と残しておいた思考の過程の記録を評価の指標とする。

実践を振り返って

　本実践では、プログラミング的思考の導入で「○○したら、▲▲になる」という基本的な論理的思考の習得を目指して、絵本作りに取り組んできた。プログラミング的思考を活用する挿絵制作では、児童それぞれが試行錯誤しながら、課題（作業）に取り組むことができた。また答えを共有する際に、自分の回答を修正する場面も見受けられるようになった。

　この考え方が日常生活、特に対人関係面で般化されたかといえばまだまだ課題が残る。しかしながら、「○○くんは▲▲だからしんどいのかな」や「□□さんは転んだから泣いてるんだね」等、原因と結果を考えて状況理解をする場面も出てくるようになった。

　これからもプログラミング学習に取り組み、論理的思考力を育んでいくことによって、児童のよりよい生活に繋がっていくことを心から望んでいる。

電子黒板とタブレット端末を活用して思考を共有しながら話し合う児童たち

発展・応用に向けて

　児童たちの論理的思考を育成し、日常生活への般化を目指す一例として、課題をより児童たちの日常生活に沿ったものにしてみるのもよいでしょう。例えば、「着替え」の工程カードを正しい順番に並べ変えるなど、児童の実態から課題を選出することで、より日常生活に般化できると思います。（山崎）

<table>
<tr><td>自立活動</td><td>「GLICODE」で
プログラミングをしよう</td></tr>
</table>

富山大学人間発達科学部附属特別支援学校　小学部　山崎智仁

<table>
<tr><td rowspan="2">学習目標</td><td>○上下左右を弁別して任意の方向にキャラクターを動かすことができる。
○キャラクターが目的地に到達するように道順を予測し、道順に合った動きをするように複数の命令を組み合わせることができる。
○友達に自分の意見を分かりやすく伝えたり、友達の意見を受け入れたりすることができる。</td></tr>
<tr><td>キャラクターが目的地に到達する道順を予測し、道順に合った動きをするように「上」「下」「左」「右」の命令を組み合わせることができる。【シーケンス】</td></tr>
</table>

　本実践は、プログラミング教育用アプリ「GLICODE（グリコード）」を使い、スタート地点から目的地までキャラクターを到達させる学習活動を少人数グループで行うことで、上下左右を弁別して道順を論理的に考えたり、友達と意見をやりとりして人間関係の形成を図ったりすることを目指している。

　また、第2次の課題は、特別教室に実物大のオリジナルコースを設け、チーム内で操作役とキャラクター役に分かれて、児童が実際に動きながら活動を行うことで、より効率的な道順を考えたり、友達が分かりやすいように指示を出したりする必要性をもたせることにした。

使用するツール・支援のポイント

【GLICODE（グリコード）】

　本実践には「GLICODE」を使用した。本アプリは、キャラクターに複数の命令を与えて、スタート地点から目的地まで到達させる課題を行うものである。課題には「順序処理（シーケンス）」「繰り返し（ループ）」「条件分岐（イフ）」のコースがあるが、「繰り返し（ループ）」「条件分岐（イフ）」の理解が児童らには難しかったため、「順序処理（シーケンス）」のコースだけを扱うことにした。

　また、「GLICODE」は、お菓子を並べて命令群を作り、それをカメラ機能で撮影することでキャラクターを動かすことができる。児童らにとって身近なお菓子を使うことで、学習意欲を高めることが期待できる。

加えて、児童本人の視点の向きとキャラクターの視点の向きが同一であるため、心的回転能力を必要とせず、命令を考えるのが容易な点も使用した理由の一つである。

【お菓子とマップと作戦ボード】

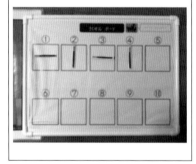

命令となるお菓子には、お菓子の写真を縮小印刷したものを使用した。これは、お菓子を食べたくなってしまったり、チョコレートが溶けてマップや作戦ボードについてしまったりしないよう配慮したためである。また、縮小印刷することで、後述のマップや作戦ボードに直接配置できる利点がある。お菓子を並べて命令群を作り撮影することも、縮小することで容易になる。

「マップ」は「GLICODE」の課題のコース画面を撮影し、Ａ３用紙に印刷して作成した。Ａ３用紙に印刷することで、「マップ」にお菓子を直接並べることができ、命令の組み合わせを考える際の支援となる。

「作戦ボード」はＢ４サイズのホワイトボードで作成した。「作戦ボード」には①〜⑩までの命令となるお菓子を順序通りに並べることができるようにマス目が描いてある。ちなみに、「GLICODE」は、命令群をカメラ撮影で取り込むと、お菓子のプレッツェル部分（黄）とチョコレート部分（黒）を識別し、「黒色の方向に動く」命令として判断する。そのため、机の上などにお菓子を並べると、木目をお菓子と判断してしまい、正常に動作しない恐れがある。そこで、「作戦ボード」は、黒のような暗色を使わず、ボードに配置した命令群が正確に判断されるよう工夫してある。

【実物大オリジナルコース】

　第2次の課題は、特別教室に実物大のオリジナルコースを設け、チーム内で操作役とキャラクター役に分かれて、児童が実際に動きながら活動を行った。より効率的な道順を考えたり、友達が分かりやすいように指示を出したりする必要性をもたせることで、GLICODEでの活動から無理なくステップアップすることができた。

児童の実態

・方向の概念の理解ができている児童、または方向の概念形成を目指す児童
・2〜3名程度のペア、またはグループ

指導計画

次・時数	学習活動内容
第1次 （5時間）	友達を助けよう（GLICODE）
第2次 （2時間・本時）	先生を助けよう（実物大コース）

（全7時間）

授業の流れ

	本時の展開	指導上の留意点
展開	①マップや実際のコースを見て、目的地を確認する。 ┌─────────────────┐ 迷子になった先生を助けてあげてね。 └─────────────────┘ ●○○先生、迷子なんだ。助けてあげよう。	●様々な命令の組み合わせで目的地まで到達できるコースを作成する。 ●迷子になった教員のパネルを目的地に立てて置くことで、実際のコースにおける目的地が分かるようにする。また、「助けよう」という児童の学習意欲を高める。
	②目的地までの道順を予測し、命令となるお菓子をマップ上に配置する。 ●右からいく？　左からいく？ ●こっちのほうが早くいけないかな？ ●お菓子の向き、合っているよね。	●特定の児童ばかりが命令を考える場合は、順番に考えたり、友達に確認したりするように促す。 ●方向の概念の理解が難しい児童には、目的地に向かうにはお菓子をどの方向に置けばよいかを2択から選択できるように教員が提示する。

展開	③マップ上に配置したお菓子を作戦ボードに順序通りに並べる。 ●1番はこのお菓子だね。 ●順番が間違っているよ。	●お菓子を作戦ボードに移す際にその順番を間違えたときは、マップ上に配置しなおし、どのお菓子が1番目のお菓子になるかを考えるように促す。
	④チームのメンバーで実際のコースを歩くキャラクター役とキャラクターを操作する指示役に分かれる。 ●僕、キャラクターをやりたい。 ●僕もやりたいから、じゃんけんで決めよう。	●チームの実態に応じて、決める方法を児童らに任せたり、じゃんけんを提案したり、順番に役割交代するように伝えたりし、人間関係の形成を図れるようにする。
	⑤コースのスタート地点から命令の通りに動き、目的地を目指す。 ●右に一歩。 ●こっちだね。 ●目的地に着いたよ。 ●残念、目的地に届かなかったね。	●キャラクター役は、操作役の視点から見た上下左右に動くように伝えておく（難しい場合は、一歩動くたびに操作役と同じ方向を向くように促す）。 ●目的地に届かなかった場合は、再度命令の組み合わせを考え直してくるように促す。 ●すぐに目的地に到達できたチームにはより短い歩数でゴールができる道順はないかを考えるように促す。
	⑥どのような命令の組み合わせを考えたか、各チームの発表を聞く。 ●僕たちの命令はこれです。 ●私たちとは違うね。 ●命令の数が少ないのにゴールしてるね。	●命令の組み合わせを考えることができたことに称賛を送り、活動への意欲を高める。 ●どのチームの命令の組み合わせも正しいことを伝えた上で、より少ない命令で到達すると効率がよいことを伝える。
まとめ	⑦本時の振り返りを行う。	● チームで協力して楽しく活動できたことを振り返り、次回の活動への意欲が高まるようにする。

実践を振り返って

　本実践では、方向の概念が曖昧な児童が学習活動を重ねることで、スタートから目的地までの道順を予測し、複雑な課題でも命令の組み合わせを考え、キャラクターを目的地まで到達させることができるようになった。

　命令の組み合わせを考える際は、マップを確認して道順を指でなぞったり、友達に合っているかを確認しながら慎重にお菓子を並べたりしていた。また、道順やお菓子の向きが分からないときには友達に助言を求め、お菓子の配置を修正する姿も見られた。左右の弁別は、当初間違えることが多かったが、学習活動を重ねることですぐに正しく理解できるようになった。

　第2次における操作役を務めた児童は、キャラクター役の友達が動く方向を間違えないよ

うに「右に一歩」などと丁寧に声をかけていた。本実践前は、友達に対してつい悪戯をしたり、休み時間に必要以上に追いかけ回して嫌がられたりすることがあった児童が、実践後は友達に一緒に遊びたい旨を言葉で伝えるといった適切な関わり方ができるようになってきた。また、ある児童は左右上下の方向が含まれる指示を理解できず怒ってしまうことがあったが、方向の概念を習得したことで、指示を聞いて活動できるようになった。

発展・応用に向けて

　本実践で使用した『GLICODE』は、操作する本人の視点から上下左右の方向を考えます。一方、タンジブルタイプのプログラミングツールは対象物の視点から前後左右を考える必要があるため、心的回転能力が求められます。このように、対象児童の実態や育てたい能力を踏まえて、使用するプログラミングツールを選択することが望まれます。（**水内**）

自立活動　ピラーちゃんにごはんをあげよう

富山大学人間発達科学部附属特別支援学校　小学部　山崎智仁

学習目標

○前後左右を弁別して任意の方向にロボットを動かしたり、ロボットの視点から前後左右を考えたりすることができる。

○目的地に到達するロボットの道順を予測し、道順に合った動きをするように複数の命令を組み合わせることができる。

○友達に自分の意見を分かりやすく伝えたり、友達の意見を受け入れたりすることができる。

目的地に到達するロボットの道順を予測し、道順に合った動きをするように「前進」「右折」「左折」の命令を組み合わせることができる。【シーケンス】

　本実践は、少人数グループでロボットにプログラミングを行い、スタート地点から目的地までロボットを到達させる学習活動を行うことで、左右弁別や心的回転などの力を生かし道順を論理的に考えたり、友達と意見のやりとりをして人間関係の形成を図ったりすることを目指している。

　また、少人数グループ同士のチーム戦にすることで、失敗への不安感が強い児童が高得点を取るために意欲的に難しい問題に取り組もうとしたり、相手チームへの関心の高まりから学びが生まれたりするようにした。

使用するツール・支援のポイント

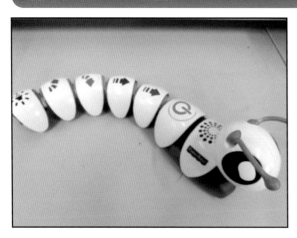

【コード・A・ピラー】

　本実践ではフィッシャープライスが発売しているプログラミングロボット「コード・A・ピラー」を使用した。このロボットは、頭部に命令となる4種類の胴体パーツ（「前進」「右折」「左折」「サラウンド」）を差し込むことで動かすことができる。本実践では、「前進」「右折」「左折」の3種類の命令を使用した。

　なお、「コード・A・ピラー」は現在「コード・A・ピラー　ツイスト」にリニューアルされ販売されている（p.28 参照）。

【ごはん（目的地）】

　Ａ３用紙に目的地となる食べ物と点数を印刷し、ラミネート加工をした。目的地は命令の組み合わせの難易度が上がるにつれ、1点、2点、3点と点数が上がるように配置した。

【矢印】

　「コード・Ａ・ピラー」は「前進」と「右折」「左折」で移動する距離が異なるため、失敗への不安が強い児童は、目的地に到達しないのではないかと不安定になることがある。そこで、ロボットが動く距離を事前に可視化できるように、ラミネートした色画用紙で「前進」「右折」「左折」の「矢印」を作成した。矢印はロボットが動く距離の実寸になっており、矢印の両端に貼ったシール同士を重ねることで正確に進む距離を測ることができる。

　また、「矢印」は思考の共有にも役立ち、並べた本人が何を考えているのかが周囲の友達にも分かりやすくなるため、意見のやりとりのきっかけになる。矢印は、方向の概念の理解が未修得の児童でも選択できるように、「まっすぐ」「みぎ」「ひだり」と書かれたケースを用意し、中に収納した。

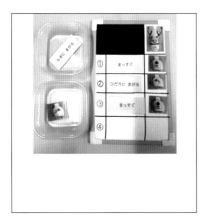

【作戦ボード】

　Ａ４サイズのホワイトボードで「作戦ボード」を作成し、左側に「文字カード」、右側に「命令カード」を貼ることにした。「文字カード」には「まっすぐ」「みぎにまがる」「ひだりにまがる」と文字が書いてあり、スタートから目的地まで並べた「矢印」と同じ方向を示す「文字カード」を順に貼っていくことで、方向の概念と方向を示す言葉の意味の学習機会になるようにした。「命令カード」はロボットの命令（胴体）の写真が映ったカードで、文字が読めない、または文字から必要な命令を選択することが難しい児童がそれを手掛かりとしてロボットを組み立てられるようにした。文字カードを見て、それを命令カードに置き換える活動をすることで、ここでも方向の概念と方向を示す言葉の意味の学習ができるようにした。

児童の実態

・方向の概念や方向を示す言葉の意味を理解できている、または方向の概念の習得を目指す児童
・2〜3名程度のペアまたはグループのチームを2チーム以上作成

指導計画

次・時数	学習活動内容
第1次 （5時間）	ピラーちゃんに葉っぱをあげよう
第2次 （3時間・本時）	ピラーちゃんに好きなごはんをあげよう

（全8時間）

授業の流れ

	本時の展開	指導上の留意点
導入	①複数ある目的地の中からねらいたい目的地を選ぶ。 目的地を選ぼう。点数が高いほど難しいよ。 ●3点をねらおうよ。 ●簡単な2点の方がいいよ。	●命令の組み合わせの複雑さに応じて異なる点数の目的地を配置する。
展開	②目的地までの道順を予測し、矢印を配置する。 ●右かな。 ●まっすぐじゃないかな。 ●〜さん、右の矢印をください。 ●目的地に矢印が届いたよ。	●特定の児童ばかりが命令の組み合わせを考える場合は、命令の組み合わせを考える「作戦係」を設定し、順番に「作戦係」になるようにする。 ●方向の概念の理解が難しい児童は、矢印を友達に渡す「矢印係」になることで、左右前後の弁別や人間関係の形成を図る機会にする。
展開	③矢印を見て、作戦ボードに文字カードを貼る。 ●この矢印は右だから「みぎにまがる」のカードを貼るね。	●文字カードが分からない場合は、矢印の根元の位置に立ってどの方向を向いているか確認するように促す。
展開	④作戦ボードの文字カードを見て、隣に命令カードを貼る。 ●「みぎにまがる」だから、黄色いカードだね。	●命令カードが分からない場合は、文字カードが示す方向を確認し、それと同じ方向を向いた命令カードはどれかを一緒に考えるようにしたり、友達に助言を求めるよう促したりする。
展開	⑤命令カードを見て、ロボットを組み立てる。 ●よく見て組み立てよう。 ●ここの命令（胴体）が間違っているよ。直そう。	●方向の概念の理解が難しい児童は、「組み立て係」として命令カードの並び順を手掛かりにロボットを組み立ててもらうことで、その児童が活躍する場面にしたり、マッチングの学習の機会にしたりする。

展開	⑥各チーム順番にスタート地点からロボットを動かし、目的地を目指す。 ●やったー。ピラーが食べ物のところに行ったよ。 ●ピラーが着かなかった。なんでだろう。 ●友達のチームはあんな道順にしたんだ。	●ロボットが目的地に届かなかった場合は、第2ゲームでロボットが目的地に届くよう、助言を行ったり、友達のチームの道順を参考にするよう促したりする。
	⑦第2ゲームを行う。	
	⑧結果発表を聞く。 ●3点と2点だから、合わせて5点だね。 ●やったー。勝ったね。 ●悔しいけど、楽しかった。次、頑張ろうね。	●勝ち負けばかりにこだわらないように、各チームの児童らが目的地に到達するために工夫していた様子を全体に伝えて称賛を送り、活動への意欲を高める。
まとめ	⑨本時の振り返りを行う。	● チームで協力して楽しく活動できたことを振り返り、次回の活動への意欲が高まるようにする。

実践を振り返って

　本実践では、方向の概念、方向を示す言葉の意味の理解の習得を目指す児童が学習活動を重ねることで、最終的に目的地までの道順を予測し、「矢印」を手掛かりに命令の組み合わせを考え、ロボットを目的地まで到達させることができるようになった。命令の組み合わせを考える際は、スタートから目的地までの道順を指で軌跡を描きながら考えたり、矢印が目的地に届かない場合には矢印の並び順を変えて道順を修正したりする姿が見られた。また、道順が分からないときには友達の助言を聞いて、道順を考え直す姿も見られた。左右の弁別は当初間違えることも多かったが、学習活動を重ねることで適切に分別できるようになった。しかし、「右折」「右折」といった同じ方向への転換が続く目的地を設定すると児童の理解を超える難易度となり、児童に混乱をきたす結果となってしまったため、同じ方向への転換が続く目的地の課題は高次な認知能力が必要だということが分かった。

　本実践を終え、児童の間では「確認」、「順番」という言葉が流行し、様々な場面で指差し確認をする児童の姿が見られるようになった。また、自分が誤っていてもそれをなかなか認めることができなかった児童が、本実践後は友達に誤りを指摘されると「あっ、そっか」と受け入れて変更する姿が見られるようになった。

発展・応用に向けて

　本実践では、失敗することへの不安が強い児童のために支援ツールとしての「矢印」を使用しています。この「矢印」については、事前に目的地までの道順の予測を十分に行ってから使用することが重要です。児童が目的地に届くように、でたらめに「矢印」を配置し、偶然性に左右される学習活動にならないよう、留意が必要です。（水内）

課題学習　ロボット博士になろう！

北海道札幌養護学校　小学部　串田和哉

学習目標

○「littleBits」を自由に組み立てて、音を出したり、動かしたり、光らせたりすることができる。
○1つ1つのパーツの異なる機能に気付くことができる。
○見本と同じように組み立てることができる。
○友達とのやりとりを通して、必要なパーツの受け渡しができる。

・どのようにパーツを組み合わせたら目的が達成するかを考えることができる。
・目標にたどり着かないときに、再試行したり、違う方法を試したりすることができる。

　本実践には、様々な機能のパーツを繋ぎ合わせることで、音を出したり、動かしたり、光らせたりすることができる電子工作キット「littleBits」を用いた。littleBits を自由に組み立て、動かす活動を通して、電子回路がパーツの組み合わせ方によって異なる反応を示すことに気付くことを目指している。

　また、児童にパーツを配付する際、Aさんには○○タイプのパーツ、Bさんには○○タイプのパーツというように機能ごとに振り分けて、児童間の関わり合いが必要不可欠な状況を作り、「○○のパーツをください」等の自発的なコミュニケーションを引き出すことをねらった。

　児童たちは、自らパーツを手に取り、試行錯誤しながら組み立てることができた。音が鳴ったり光ったりする反応を見て笑顔を見せながら、パーツを変えて何度も組み立てようとしていた。また、「ピンクのボタン（のパーツ）をください」などと、必要な部品を友達に主体的に要求する様子が見られるようになった。

使用するツール・支援のポイント

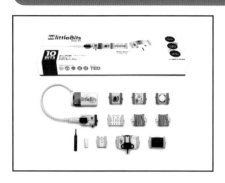

【littleBits】

　本実践では、littleBits Electronics Inc. が発売している電子工作キット「littleBits」を使用した（日本の輸入代理店は KORG）。一つ一つのパーツがプログラムのコードになっており、種類豊富なパーツを組み合わせることでプログラミングを行う。

　パーツ同士はマグネット式で簡単に組み立てが可能であり、手先が不器用な児童でも容易に取り組むこと

ができる。また、完成後には、光る・動く・音が鳴る等、組み立て（プログラム）の結果が視覚的に分かりやすく表現される。

　本実践では、初心者向けの10種類のパーツがパックになった「Base kit」（現在は販売終了）を使用した。

【Keynote】

　iOS と Mac のためのプレゼンテーションアプリ「Keynote」で作成した、littleBits 組み立てのヒント。littleBits は、できることの幅が広く自由度が高い分、自由な発想が難しい児童には組み立て始めるのが難しい場合がある。このため、見本を提示し、これを見ながらパーツを繋ぎ合わせることができるようにした。

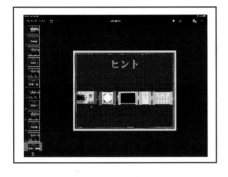

【パーツの振り分け】

　littleBits に用意されている60種類以上のパーツは、パワー系、インプット系、ワイヤー系、アウトプット系の4タイプに分かれており、タイプごとにパーツのコネクター部の色が異なる。

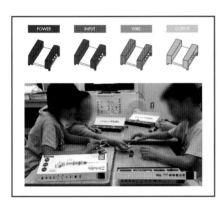

パワー系：
　　電子回路に電源を供給するパーツ（ブルー）

インプット系：
　　ボタン、スイッチ、センサーなどのパーツ（ピンク）

ワイヤー系：
　　電子回路の間に挟んだり、信号を分岐させたりするパーツ（オレンジ）

アウトプット系：
　　ビジュアル、フィジカル、リウンドなど、具体的に何かが起こる部分のパーツ（グリーン）

　パーツ配付の際、振り分けを工夫して、児童同士の関わりを引き出すようにした。教員も一緒に活動に参加し、率先して児童とやりとりを行い、関わり合いが活発になるようにした。

児童の実態

児童	障害種	児童の実態
A	知的障害	・自由な発想で物事を考えることができる。 ・発音は不明瞭だが、言葉の表出ができる。
B	知的障害、注意欠陥多動性障害	・見本と同じように行おうとすることができる。 ・発音は不明瞭だが、言葉の表出ができる。
C	知的障害、自閉症スペクトラム	・見本と同じように行おうとすることができる。 ・言葉の表出ができる。

・本実践では、教員を含めたグループで授業を行った。

指導計画

次・時数	学習活動内容
第1次 （3時間）	自由に組み立てよう
第2次 （2時間・本時）	友達とパーツを交換して組み立てよう

（全5時間）

授業の流れ

	本時の展開	指導上の留意点
導入	①本時の学習内容を確認する。 ●「音を鳴らそう!」 ●「光って動かそう!」 など	●「Keynote」（プレゼンテーションアプリ）を用いて本時の学習の見通しをもたせる。
展開	②キットに入ったパーツをタイプ（コネクターの色）ごとに3人の児童に振り分ける。	●タイプ（コネクターの色）ごとにパーツを振り分けることで、誰が何を持っているか分かりやすいようにする。
展開	③チャレンジ1「音を鳴らそう!」に取り組む。 ●目標（ゴール）を確認する。 ●動画を見る。 ●必要に応じてヒントを見る。 ●必要なキットの部品を友達からもらったり、渡したりして組み立てる。 ・「〇〇ちょうだい」 ・「ありがとう」 ・「できた」	●完成するまでの一連の動画を見せ、目標（ゴール）を明確に伝える。 ●教員が児童に「緑の部品をください」などと積極的に働きかけ、関わり方の手本を児童に見せる。また教員は、関わり方が自然に伝わるように振る舞う。 ●児童同士で上手に関わることができたら、称賛する。 ●ヒントを見ても完成できない児童に対しては、

展開	・「手伝って」 ●目標を達成できたら違う組み合わせにも取り組む。	早めに完成した児童に助言をしてもらうよう促す。 ◉組み立てる様子を動画で撮っておき、振り返ることができるようにする。
	④チャレンジ2「光って動かそう！」に取り組む。 ●目標（ゴール）を確認する。 ●動画を見る。 ●必要に応じてヒントを見る。 ●必要なキットの部品を友達からもらったり、渡したりして組み立てる。 ・「〇〇ちょうだい」 ・「ありがとう」 ・「できた」 ・「手伝って」 ●目標を達成できたら違う組み合わせにも取り組む。	◉完成するまでの一連の動画を見せ、目標（ゴール）を明確に伝える。 ◉教員が児童に「緑の部品をください」などと積極的に働きかけ、関わり方の手本を児童に見せる。また教員は、関わり方が自然に伝わるように振る舞う。 ◉児童同士で上手に関わることができたら、称賛する。 ◉ヒントを見ても完成できない児童に対しては、早めに完成した児童に助言をしてもらうよう促す。 ◉組み立てる様子を動画で撮っておき、振り返ることができるようにする。
まとめ	⑤本時の振り返りを行う。 ●動画を見る。 ●よかったポイントを発表する。 ・画面を指さして「まる」　など	◉児童同士でやりとりをしながら目標を達成できたことを動画で振り返る。 ◉よかったポイントを児童から引き出したり、具体的に伝えたりする。

実践を振り返って

　本実践で使用した「littleBits」は、失敗への恐れから自由な発想が難しい児童や、自分から率先して取り組むことが苦手な児童、手先が不器用な児童にとって、自信をもって楽しんで取り組む姿を引き出すことができる教材であった。最初は、左右の向きや表裏を間違えることがあったものの、試行錯誤を繰り返しながら正しく組み立てることができるようになるにつれて、パーツの左右の向きや表裏の性質、パーツごとの性能について理解できるようになっていった。また、パーツごとの性能を理解することが難しかった児童は、ヒントの見本画像を参考にすることで正しく組み立てることができるようになっていった。最終的には、いろいろな組み合わせを考えて音を出したり動かしたりして楽しむ様子が見られた。

　機能の異なるパーツをそれぞれの児童にあらかじめ配ってから学習を始めることで、見本と実物を見比べながら、「ピンクのボタン（のパーツ）をください」などと必要な部品を友達に自主的に要求する姿が見られるようになった。また、教員が一緒に活動し、「ありがとう」や「どうぞ」といった言葉を児童にかけていくことで、児童の方からもそういった言葉が自然に飛び出し、教室を飛び交うようになっていった。

　さらに、振り返りの場面では、各児童の作品を動画で見ながら児童同士でよかった点を発表

し合う機会を設けたことで、言葉での賞賛が難しい児童でも画面を指さして「〇（まる）」等と発言することが増えた。

　本実践を終え、日常の課題学習において、一度できなかったとしても別の方法でチャレンジしようとしたり、生活単元学習で友達と道具をやりとりして同じ目標に向かおうとしたり、振り返りの場面で積極的に友達を称賛したりするようになるといった学習の成果が見られた。

発展・応用に向けて

　本実践では「littleBits」を使って音を鳴らしたり、光らせたりできるプログラムを作っています。休み時間が終わったことを友達に知らせるブザーを作る、といったように作ったプログラムを日常生活で活用する方法をみんなで考えることで、みんなの役に立っているといった自己価値の高まりや、プログラムの働きや良さ、情報社会が情報技術によって支えられていることへの気付きなどに繋がるのではないでしょうか。（山崎）

算　数	# 新しい計算を考えよう

富山大学人間発達科学部附属特別支援学校　小学部　山崎智仁

> **学習目標**
> 乗法の意味や計算の仕方を理解し、乗法の簡単な性質や九九の構成を考えたり、乗法の利便性の高さに気付いたりすることを通じて、生活や学習に活用しようとする態度を養う。
> 友達に自分の考えた問題を理解してもらうには、どのようなイラストが必要で、どこにいくつ設置すればよいかといった順序を考えることができる。【シーケンス】

　本実践は、乗法の意味を正しく理解するために、プログラミングツール「Viscuit」を使って自作の問題を図解・表現するものである。

　知的障害のある児童の中には、九九の構成を覚え、正しく唱える技能を身に付けるのは得意だが、肝心の乗法の意味が理解できておらず、計算式は解けるものの生活や学習に活用するのが難しいといった者もいる。そこで、本実践では、計算式（1桁×1桁のかけ算）と、それを使って表せるような文章問題を児童自らが考え、その意味が友達にも伝わるように、「かける数」「かけられる数」を意識して図解・表現することで、乗法の意味を正しく理解できるようになることを目指した。

　本実践では、「かける数」「かけられる数」の意味を正しく理解していないと、プログラミングする際にそれらの数が反対になり、イラストを適切に配置できない。このため、学習目標を達成する上で「かける数」「かけられる数」の理解が重要な役割を担っている。加えて、プログラムをする上でどんなイラストが必要か、どのようにプログラムするかを順序立てて考えることで、プログラミング的思考の育成を図ることができる。

使用するツール・支援のポイント

【Viscuit】

　本実践では、タブレットＰＣにビジュアルプログラミングタイプの「Viscuit」をインストールして授業を行った。

　「Viscuit」は「メガネ」という仕組みを使い、単純なプログラムから複雑なプログラムまで作ることができるプログラミングツールである。操作する対象をイラストで描くことができ、自由に配置することができる

ため、表現の活動に適している。また、メガネの仕組みは非常に明快で、丁寧に段階を踏んで指導することで知的障害のある児童もメガネの仕組みを理解し、プログラミングをすることが期待できる。

本実践では、実践前に Viscuit のメガネの仕組みを理解するために、ＷＥＢサイトにて公開されている「学校でビスケット３」を利用して学習を行うことで、円滑に本実践を行うことができた。

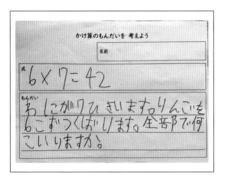

【ワークシート】

Ａ４サイズのワークシートを作成した。乗法の意味を理解し、「かける数」「かけられる数」を意識できるよう、はじめに作りたい乗法の式を書き、それからその式に合う文章問題を考えるよう指導した。

「かける数」と「かけられる数」が反対にならないよう、事前に指導を行ったり、必要に応じて個別に確認を促す言葉かけを行ったりするとよい。

児童の実態

・加法や減法の意味や計算の仕方を理解できており、乗法の習得を目指す児童
・少人数グループ

指導計画

次・時数	学習活動内容
第1次 （8時間）	かけ算をやってみよう
第2次 （14時間）	九九を考えよう
第3次 （2時間・本時）	かけ算の問題を作ろう

（全24時間）

授業の流れ

	本時の展開	指導上の留意点
導入	①本時の学習の目標を確認し、「学校でビスケット3」に接続して、教員の見本を見る。 かけ算の問題を考えて、Viscuit で表現してみよう。友達が見ても意味が伝わるように作れるかな。  ●面白そうだな。 ●先生の問題分かったよ。式は3×5だ。 ●文章問題は苦手だけど、これならできそうだな。	●問題を自作することやプログラミングをすることへの不安から児童が不安定になる恐れがあるため、教員が見本を提示し、見通しがもてるようにする。 ●自作したプログラムを家庭で家族に見せたり、家でもプログラミングに取り組んだりできるよう、「学校でビスケット3」に接続する方法を事前に児童らに伝えておく。
展開	②式や文章問題を考える。 ●6×7の式にしよう。 ●「7匹のワニにリンゴを6個ずつ配ります。リンゴは全部でいくついりますか」っていう問題文はどうかな。 ③自作した式や文章問題を Viscuit でプログラミングし、表現する。 ●ワニの絵を描こう。 ●ワニの顔を押したら、リンゴを配ることができるようにプログラミングしよう。 ●リンゴが重ならないように置かないと。  	●「かける数」と「かけられる数」が反対にならないよう確認を促す。 ●問題文と配置したものの数が異ならないよう確認を促す。 ●プログラミングができた際は、自分でプログラムを動かしてみて、ものの配置が見やすいかなどを考えるように促す。

	④できあがったら、プログラムをサーバーに送り、新しい問題の作成に取り掛かる。	●問題ができた児童には、新しい問題作りに取り組んでよいことを伝える。
	⑤クイズ形式にて発表を行う。 ●今から僕のプログラムを見せます。僕はどんな問題を作ったのでしょうか。 ●ワニが7匹いて、リンゴが6個ずつあるね。 ●分かった。「7匹のワニにリンゴを6個ずつ配ります。リンゴは全部でいくついりますか」っていう問題で、式は6×7、リンゴは全部で42個だ。 ●ここのプログラムが工夫してあっていいね。	●友達の問題やイラストに対して、心が傷つくようなことを言わないよう、事前に児童らと約束を行う。 ●「かける数」と「かけられる数」が反対にならないよう確認を促す。
まとめ	⑥本時の振り返りを行う。 ●難しいと思ったけど、簡単にできて楽しかった。	●乗法の意味を理解してプログラミングすることができていたことを賞賛し、次回の活動への意欲が高まるようにする。

実践を振り返って

　本実践は、乗法の式を解くことは簡単にできるが、生活場面において物を配る際に物がいくつ必要なのか分からなかったり、「かける数」と「かけられる数」の理解が曖昧になっていたりする児童らを対象とし、乗法の意味や利便性について理解を深め、生活や学習場面で活用できるようになるために行った実践である。

　実践の際、推論に苦手さがあり、以前に算数の文章問題を読んで立式することができなかった経験から文章問題に強い抵抗を示す児童がおり、学習目標を確認したときにどのような反応をするか不安があった。しかし、Viscuitを使って問題をプログラミングすることへの意欲が高かったようで、授業の際には積極的に問題文を作り、プログラミングに取り組む姿が見られた。自由にイラストを描いてプログラミングできる表現の幅の広さがViscuitの魅力であり、児童らの学習意欲を高める要因になったと考えられる。

発展・応用に向けて

　本実践は『Viscuit』にて乗法の式を表現していますが、工夫次第では加法や減法などの式も表現することができます。また応用することで簡単な算数教材も作成できます。しかし、ここで重要なのは算数科の学習目標を達成することであり、そのためにもプログラミングを行う前に式の成り立ちや意味などを十分に指導し、あらかじめ理解を深めておくことが大切です。(**水内**)

生活単元学習

お絵かきすいぞくかん

沖縄県立大平特別支援学校　小学部　山口飛

学習目標

○絵の描き方や動かし方が解り、自分で描いたり操作したりすることができる。（知識・技能）

○描きたいものを決めて（選んで）、絵を描くことができる。（思考力・判断力・表現力）

○描いた絵を紹介したり、友達の絵を見て感じたことを伝えたりすることができる。（学びに向かう力・人間性）

この授業で扱うのは「順次（逐次）」と「繰り返し（反復）」の2つの処理である。児童はiPadを使って描いた絵を画面の上で自分の思うように動かすために、トライ&エラーを重ねながらこれらの処理を学ぶ。

　本実践では、児童たちが自ら描いた海の生き物のイラストをプログラミングで自由に動かす。本時で活用するのはViscuitという学習用のプログラミング言語である。iPadの専用アプリケーションは直感的に操作できるデザインで、児童が描画した絵を「メガネ」と呼ばれるツールの左右の枠に入れることで、左枠→右枠と絵が変化・移動する「順次（逐次）処理」、さらに「メガネ」を2つ以上使うことで右枠→左枠→右枠…と変化をループする「繰り返し（反復）処理」がプログラムできる。

　テーマを「すいぞくかん」としたのは、姿や動きが多種多様な海の生き物を題材とすることで、活動の中で出される児童の自由な表現を認め、価値付けることができると考えたからである。授業のまとめには、児童たちが描き、動きをつけたそれぞれの作品が一つの画面上に集まって「すいぞくかん」の中で一緒に泳ぐ様子をプロジェクターで投影し、全員で鑑賞する。

使用するツール・支援のポイント

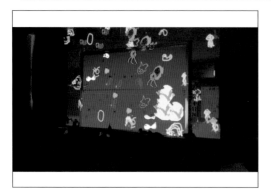

【Viscuit】

　この授業計画は、知的障害特別支援学校の小学部低学年に在籍する、知的水準が軽度から重度まで多様な実態の児童を対象とした合同授業用に作成したものである。この授業でiPadとViscuitを教材教具として選んだことには、大きく3つの理由がある。まず、児童にとってiPad端末が普段から触れて親しんでいるものであり、

画面に触れると反応することを理解しているということ。また活用にあたって、文字の理解を必要とせず、アイコンなど視覚的な情報をヒントに直感的に使用できること。さらに、児童それぞれの作品を一つの画面の中に表示して共有できるということである。

【イラスト制作の型紙・参考資料】

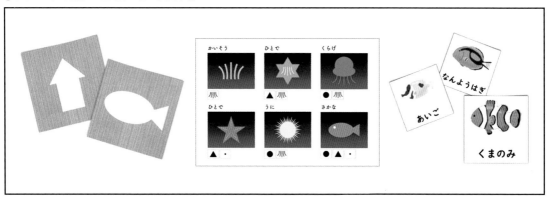

　絵を描く際に活用した型紙や図形を組み合わせて描く方法、海の生き物の例（イラスト）。授業では次のような児童の多様な表現の仕方や学び方を想定して、型・パターン・見本を準備した。

・魚やイカ、丸などの型を使って、なぞりながら絵を描く。

・線や点、円、三角形、四角形など既知の図形等を組み合わせてパターンから絵を描く。

・海のいきものイラスト例を見ながら、真似をして絵を描く。

・ツールを使わずに自分で自由に絵を描く。

児童の実態

　知的障害特別支援学校の小学部低学年に在籍する、知的水準が軽度から重度まで多様な実態の児童。言葉での指示理解が難しい児童、絵を描くことが難しい児童がいるが、いずれの児童も普段から iPad には親しんでおり、画面に触れると反応することを理解している。

指導計画

　本授業は2時間の小単元であるが、繰り返し指導することで、児童の描画や操作の幅が広がり、より充実した表現活動となる。また、学習集団を小規模にすることで「教え合い」「学び合い」の機会が生まれることも期待できる。

授業の流れ

	本時の展開	指導上の留意点
導入	①本時の流れを確認して見通しをもち、何をどのようにして描くか、また動かすかを理解して、学習への意欲を高める。 ●やりたい／やってみたい ●〜を描く（描きたい）	●描き方と動かし方の説明には、iPad で作成した「絵描き唄」の動画を用いて、視覚的に理解できるようにする。 ●児童にリクエストを聞きながら、実際に教員が絵を描き、動きをつける見本を示すことで、より活動がイメージしやすくなる。
展開	② iPad を使って、描きたい海の生き物を自分なりの方法で描く。 ●ダンボールで作製した型を使い、枠内を塗り潰すことで描く。 ●線や点、三角形や四角形、丸など、知っている図形を組み合わせて描く。 ●海の生き物の例（イラスト）を見ながら描く。 ●見本等を用いず、自由に描く。	●机の上はなるべく物がないように片付けて、活動に集中できるようにする。 ●型を使って描く際には、型が動かないように押さえるなど支援する。 ●完成した絵はスクリーンショットで画像を保存しておき、後で自分の作品を確認できるようにする。
展開	③描いた絵を水槽（ステージ）に放して、「メガネ」を使って動きをつけていく。 ●すごい／やった、動いた／見て見て ●左枠と右枠で同じ位置に絵を置いてしまい、画面上で絵が動かない。 ●メガネを増やして、絵の動きを多様にしていく。	●描いた絵の向きを確認して、「どう泳がせたい（動かしたい）か」を考えてから、動きをつけられるようにする。 ●「絵描き唄」の動画を用いて、児童が見て確認しながら操作を進められるようにする。 ●必要に応じてアクセスガイド（iOS アクセシビリティの機能）を使って、画面上の特定の領域へのタッチを無効化しておく。
展開	④プロジェクターで投影したみんなの作品を観賞したり、自分で描いた絵を探して紹介したりする。 ●あった／見つけた ●僕が描いた〜だよ ●きれいだね	● iPad は回収して、集中して観賞できるようにする。 ●部屋を暗くしてカウントダウンをし、音楽を流すなどして場を演出する。 ●児童の自由な表現を認めて褒めたり、他の児童に紹介したりしてよいアイデアや工夫を共有する。
まとめ	⑤授業を振り返り、頑張ったことや楽しかったことなどを発表する。	

実践を振り返って

　対象の児童は、これまでに校外学習でチームラボの「学ぶ！未来の遊園地」や地域の科学館のデジタルアートを体験しており、その思い出を想起させることで学習への動機付けを効果的に図ることができた。絵を描く喜び、色を選ぶ楽しさ、描いた絵が画面で動き出す感動が、表現することの良さや学習の達成感と結びついた。また、全員で描いた「お絵かきすいぞくかん」は、地域の美術館で開催した企画展で展示することができ、それが児童にとって自信にも繋がったと考えている。

　この授業はプログラミング学習の導入期における実践として扱いやすいもので、同じ活動であっても対象の児童生徒の実態に応じて、表現や発表活動の目標を柔軟に設定することができる。実際に、本校でも同じ授業計画を中学部の職業・家庭科の授業に応用し、一定の成果を上げることができた。

美術館企画展での展示の様子

発展・応用に向けて

　本実践では、姿や動きが多種多様な海の生き物を題材とし、児童の表現を認めたり、その表現を価値付けたりしています。一方で、知的・発達障害児の中には想像することに苦手さを感じる児童がいます。そのような児童に実践を行う場合は、校外学習と関連付け、水族館や動物園などで実際に生き物を見学したり触れ合ったりする経験を生かした展開に繋げてもよいでしょう。（山崎）

生活単元学習	迷路を正しく進んでパズルをクリアしよう！

富山県立となみ東支援学校　小学部　廣瀬勝弘

学習目標

キャラクターを動かす道筋を考えて、目的地に到達させることができる。
「前進」・「右折」・「左折」などの命令を組み合わせ、目的地まで到達するための道順を組み立てることができる。【シーケンス】

　本実践は、画面上でキャラクターを操作する中で実際のプログラミングを学んでいくものである。「前進する」「右に曲がる」「左に曲がる」といった命令ブロックを順序よく並べ、キャラクターに指示を出して動かすことで、自然に「プログラミング的思考」を体感することを目指している。また、今回使用した「Code.org」というプログラミング学習サイトは、それぞれのステージで失敗しても何度でも挑戦でき、成功しない原因をじっくりと考えることができる、優れた教材である。

使用するツール・支援のポイント

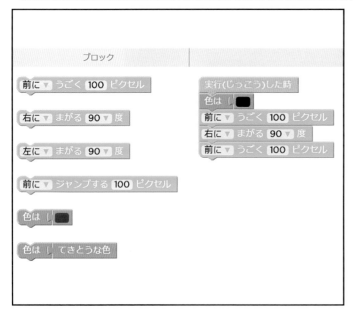

【Code.org】

　実際のプログラミングを、キャラクターを操作することにより学ぶ。ＰＣと「Code.org」(https://studio.code.org/) に繋ぐことができるインターネット環境があれば、アカウントなしでもすぐ利用できる。

　視覚的な要素を組み合わせて行うビジュアルプログラミングで、小学校低学年程度の文字が読める児童生徒であれば、すぐ始めることができる。

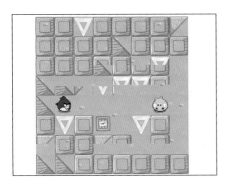

【パズル1：迷路】

　キャラクター（Angry Birds・画面左の赤い鳥）に対して「前に進む」「左に回転」「右に回転」「繰り返し○回」などと命令し、ゴールまで移動させる。（難易度　低）

【パズル2：アーティスト】

　鉛筆を持ったキャラクター（画面中央）に対して、「前にうごく:50ピクセル」「右に曲がる:45度」「左に曲がる:95度」「前にジャンプする:100ピクセル」などと命令し、決められた図案を描く。指定すべき項目が多く、かなり難しい。（難易度　高）

＊角度の理解が必要で、対象児には大変難易度が高いステージがいくつも設けられている。

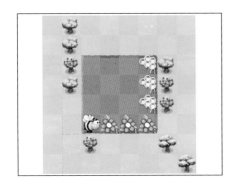

【パズル3：みつばち】

　キャラクター（みつばち）に対して「前に進む」「左に回転」「右に回転」「繰り返し○回」「花のミツをとる」「ハチミツをつくる」「もし～～だったら○○をする」などと命令し、花のミツを集めてハチミツを作らせる活動である。（難易度　低・中）

【選べる学習レベル】

　「Code.org」には、難易度の異なるコースが1から4まであり、それぞれのコースに約20のステージが設けられている。本実践では、第1次にはコース1、第2次にはコース2に取り組んだ。

児童の実態

A

B

知的障害
・S-M 社会生活能力検査
SA:10-10
・方向の概念・方向を示
す意味の言葉を理解し
ている。
・左右の弁別が時々曖昧
になることがある。

知的障害・自閉症
・S-M 社会生活能力検査
SA:9-2
・方向の概念・方向を示
す意味の言葉を理解し
ている。

指導計画

次・時数	学習活動内容
第1次 （5時間）	コース1（小学1年生向け　初心者向けコース）
第2次 （5時間・本時）	コース2（小学2年生～5年生向け　読み書きができる児童用）

（全10時間）

授業の流れ

	本時の展開	指導上の留意点
導入	①前次のコース1に引き続いて、本日からコース2に取り組む。	◉今回は、コース2のステージ1～2は省略した。
展開	②コース2：ステージ3　「迷路」 ▶実行（じっこう）　　ステップ	◉コース1の「迷路」では、命令ブロックは「北↑」「南↓」「東→」「西←」の4種類だったが、コース2では、「前に進む」「右に回転」「左に回転」の3種類に変更されていることに気付かせる。 ◉A児が「右」「左」が曖昧になって質問してきたときには、「いつもお箸を持っている方が右です」と声かけをする。 ◉難易度が高くなるにつれてゴールまでの距離が長くなり、方向転換の回数が多くなるため、B児が活動についてこられているか気を付けて見守る。
	③コース2：ステージ4　「アーティスト」 ●線の色指定（黒）が追加される。 ●パズル④で前進だけではなく「前へジャンプする：50ピクセル」が追加される。	◉前進の命令ブロックが「前に動く：100ピクセル」のように進む距離も指定しなくてはいけないことを声かけで気付かせる。
	④自分のペースでパズルを進めていく。	◉失敗しても、キャラクターの動きを見せながら、どこを間違えてしまったのか考えさせる。
まとめ	⑤振り返り	◉今日のプログラミングで楽しかったところや難しかったところなどをお互いに発表させる。

実践を振り返って

　ＩＣＴ教育やプログラミング教育の必要性が叫ばれる中、学校内には一通りのＰＣやインターネット環境等が整備されてきている。担当している児童生徒が文字の読み書きができれば、この教材はすぐ利用することができる。

　この教材の優れた点は、①様々な難易度のコースが揃っており、段階を踏んで活用することができる点、②ビジュアルプログラミングのため、難しいプログラム言語を使うことなく「命令の書かれたブロック」をパズルのように並べるだけでキャラクターを動かすことができる点（猫のイラストで有名な「Scratch」より易しい）、③児童生徒の興味をそぐことなく、ゲーム感覚で取り組むうちに、「プログラミング的思考」を体感できる点、④各コースに、シーケンス（動作の順序）、デバッグ（不具合箇所発見・修正）、ループ（繰り返し）を意識したレッスンが用意されている点、⑤ステージがうまくクリアできないときでも何度でも挑戦でき、ヒントも与えられる点などである。

　今回は2020年のプログラミング教育必修化に向け、試験的に実施したが、ＰＣの得意な児童が、進みがゆっくりな友達を自発的に手助けする場面が見られてとてもうれしく感じた。

ローマ字入力表を見ながらコース２：ステージ17に取り組むＡ児

Ａ児のアドバイスを受けながら、キャラクターをどのように動かせばよいか考え中のＢ児

発展・応用に向けて

　左右弁別が曖昧な児童がビジュアルプログラミングタイプのツールを使って心的回転の課題を行う場合、左右の弁別がさらに曖昧になることがあります。そのような場合は、広めの教室や遊戯室などで、複数の小型マットなどを並べて実際のマップを作り、キャラクター役になってコースを確認することで左右弁別の理解や心的回転能力の育成や定着が図れ、また命令の組み合わせも正確になります。（山崎）

生活単元学習

「Scratch Jr」を使って、プログラミングを体験しよう

大分県立中津支援学校　小学部　中村祐輝

学習目標

○ iPad のアプリを通してプログラミングを体験し、基本的な考え方や操作の仕方を知る。
○順序立てて考えたり、計画的に作業を進めたり、試行錯誤を繰り返したりしながら取り組むことができる。
○登場する生き物の動きや台詞、物や背景等のイメージを膨らませ、自分なりの作品を作ることができる。
様々な動作ブロックを組み合わせて、思い通りに動かすことができる。

　知的障害特別支援学校の小学部において、生活単元学習の時間にタブレット型端末のアプリ「Scratch Jr」を使用したプログラミング教育を実践した。活動内容は、児童の興味関心や障害の特性に応じて編成した4名の学習グループで、タブレット型端末を児童1人につき1台ずつ配付し、自由に作品制作を行うこととした。基本的な操作方法を事前に確認しておき、作品の内容をそれぞれの児童が作りたいものにしたことで、キャラクターの動きやストーリーのイメージを膨らませ、それに合わせて順序立ててプログラミングを行ったり、思い通りにいかないことが起きても、何度も試行錯誤しながら根気強く取り組んだりする姿が見られた。また、授業の最後に作品発表の活動を設定したことで、友達の発表から自分にない発想を得たり、色の変え方などの自分が知らない操作方法を見つけた友達に質問をしたりと、友達と関わり合いながら学ぶ姿も見られた。

使用するツール・支援のポイント

【Scratch Jr】

　このアプリは、キャラクターを選択して既存のブロックを組み合わせるだけで、キャラクターを自由に動かすことができ、操作が簡単で理解しやすいという特徴がある。加えて、自分の声を録音したり、背景を自分の撮影した写真にしたり、新たに自分でキャラクターを描いたりと、自由度が非常に高い。児童が想像力豊かに制作に取り組み、個性的な作品を創造することができるため、制作意欲の高い児童に適しているのではないかと考えた。

【オリジナルの操作マニュアル】

　実際にプログラミングを体験したり操作に慣れたりする時間を十分に確保すること、また、一人ずつ自由に思いを巡らせながら制作活動に取り組めるようにすることをねらい、事前に操作マニュアルを作成しておいた。最初は、第1次で学習した操作内容についてまとめたものを配付しておき、その中に載っていない操作について児童から質問が出た場合には、必要に応じて追加で作成、配付するようにした。また、児童が操作について困っている場合には、「マニュアルを確認したらどうかな」などの言葉かけを行い、まずは自分で考えたり振り返ったりしながら解決できるように促した。

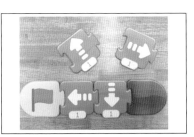

【Scratch Jr ブロック模型】

　プリントアウトしたコードのブロックを段ボールに貼ったオリジナル教材。児童がブロックを組み合わせるイメージがもてるようにし、プログラムの組み合わせが結果としてどのような動きになるか考える材料として使用した。

【教材提示の工夫】

　ホワイトボードに本時のめあてと活動の流れを提示しておく。また、中央部にはiPadの画面をプロジェクターで映し出し、操作説明を行ったり児童の作品を提示したりできるようにした。

児童の実態

　本実践は児童の興味関心や障害の特性に応じたグループ編成を行い、小学部6年生の単一障害学級に在籍する児童3名、小学部3年生の単一障害学級に在籍する児童1名、合計4名によって構成した。

6年生	3名	・授業中に写真を撮影したりインターネットで動画や画像を検索したりと、日常的にタブレット型端末を活用しており、操作には非常に慣れている。 ・ローマ字の学習にも取り組んでおり、検索する際にローマ字入力を行うことができる。
3年生	1名	・学校や家庭でタブレット型端末やスマートフォンを頻繁に使用している。 ・行事の感想などをメモアプリに打ち込んだり、分からない言葉をインターネットで検索したりする際にタブレット型端末を使用しており、一人で使いこなすことができる。 ・アルファベットの読みについては大文字小文字ともに一通り読むことができる。

指導計画

次・時数	題　目	学習活動内容
第1次 （1時間）	プログラミングがどんなものか知ろう	・プログラミングが日常生活のどのようなものに使われているのか知る。 ・説明を聞いたり、実際に操作したりしながら、『Scratch Jr』の基本的な操作方法を知る。
第2次 （3時間・本時）	『Scratch Jr』を使って、作品を作ろう	・前次に学んだ操作方法について振り返る。 ・自分の好きなテーマを決め、作品の構想を考える。 ・プログラミングを行い、作品制作に取り組む。
第3次 （1時間）	作った作品を発表しよう	・作った作品を発表する。 ・友達が作った作品を鑑賞する。 ・自分の作品や友達の作品について感想を発表する。

（全5時間）

授業の流れ

配時 （分）	学習活動	教員の支援・配慮事項
1	①始めの挨拶をする。	●当番の児童を指名して挨拶を行い、授業の開始を意識できるようにする。 ●注意して話が聞けるように、iPadは制作活動の直前に配付する。
1	②めあてと活動内容について知る。	●本時のめあてと活動の流れをホワイトボードに書いておき、必要に応じて児童が自分で確認できるようにする。
7	③前回までの学習を振り返る。	●アプリのマークを提示したり、操作画面を映したりしながら、前回までに学習したことを確認する。 ●基本的な操作方法について、プログラムのブロックを見せながら、「右に進むにはどれを使う？」「これはどんな動きをするかな？」など、いくつか簡単なクイズを出して思い出せるようにする。
30	④作品を作る。 	● iPadを配付し、活動の開始を伝える。 ●活動の終了が分かるように、タイマーをセットする。 ●操作マニュアルを配付し、分からない操作があればそれを見返すように促す。また、マニュアルを見ても分からない場合には、手を挙げて教員を呼ぶように言葉かけする。 ●作品の内容について困っている場合には、どのような作品を作りたいか、どんな動きをさせたいかなどを尋ねながら確認し、付箋などに書き出して考えを整理しやすくする。

5	⑤感想を発表する。	●タイマーが鳴ったら、一度タブレット端末の画面を切って、手を止めるように促す。 ●児童の自主性を尊重し、挙手した児童から指名する。 ●発表の内容について考えやすいように、頑張ったことや新しく知ったこと、次回取り組みたいことなど、発表の内容についていくつか選択肢を提示し、その中から選べるようにする。
1	⑥終わりの挨拶をする。	●当番の児童を指名して挨拶を行い、授業の終了を意識できるようにする。

実践を振り返って

　どの児童も離席することなく、非常に意欲的に取り組む姿が見られた。最初に全体指導で基本的な操作を確認した後は、それぞれが試行錯誤しながら取り組み、最後には思い思いの作品を完成させることができた。用意した操作マニュアルは全く見返すことなく、思い通りに動くようになるまで、自分で何度も繰り返し試行錯誤しながら制作しており、目標の1つとしてあげていた「順序立てて考えたり、計画的に作業を進めたり、試行錯誤を繰り返したりしながら取り組むことができる」という点は達成されたと思われる。また、友達の作品を見て、「キャラクターの色が変わっている」など、自分が知らない操作に気付き、「あれはどうやってやるの」と友達に尋ねるなど、子供同士で教え学び合う場面も見られた。6年生のうちの一人は、修学旅行の思い出を再現したものを制作しており、学習の振り返りに活用できるのではとも感じた。

　学習の繋がりという観点では、当初は1マス動くブロックを5つ並べていたのを、途中で5マス動くブロック1つに並べ直したり、2マス動くブロックを3つ並べていたのを6マス動くブロック1つに並べ直したりと、足し算やかけ算を応用しながら取り組む場面も見られた。また、キャラクターを自作していた児童は、自分の思い通りの形や線が描けるまで何度も描き直したり、色を組み合わせながらデザインをまとめたりと、図工的な側面も見られた。加えて、全体のストーリーの構想を立てたり、キャラクターの台詞を考えたりと、今まで学習してきた国語の能力を生かすこともできた。

　今回初めてプログラミングに関する授業実践を行ったが、想定していた以上に児童が意欲的に取り組み、また、様々な機能を使いこなして制作しており、児童の適応能力と学習能力に驚かされた。かなり実験的な取り組みだと思っていたが、児童の実態や学習の内容によっては、学んだことを活用したり知識や技能を習得したりするのにプログラミングが有効なのではないかと感じた。

発展・応用に向けて

　本実践はキャラクターの台詞や背景のイメージを膨らませ、ストーリーを作成すると
いった国語科の学習内容をうまく取り入れています。児童たちがビジュアルプログラミ
ングタイプのツールを使ってプログラミングを行っていくと、いつの間にか面白い効果
を使うことに夢中になったり、ストーリーが不成立になったりすることもあります。こ
のような際には、国語科にて事前に起承転結を意識した物語作りを指導するということ
も大切になります。（山崎）

国語・算数 ロボットバスを走らせよう！

東京都立府中けやきの森学園　小学部　山下さつき

学習目標

○出来事を順序立てて考えたり、他者と伝え合ったりする力を身に付ける。
○ものの数に着目し、具体物や図などを用いながら、数の数え方や計算の仕
　方を考え、表現する力を身に付ける。

課題解決力「トライ＆エラーを繰り返し、修正しながら課題解決をする力」
適応力「新たな状況に出会ったときに、学んだことを活用して、対応していく力」
創造力「同じテーマの中でも、個性を生かし、自分の考えたことを表現する力」

　ロボットを組み立てる活動とそれをプログラミングで動かす活動を、合わせて体験できる授業を実施した。ロボット・プログラミング学習キットの「KOOV」を使ってバス型のロボットを組み立て、スタートとゴールを設定したコース図に合わせてロボットバスを走らせた。バスのプログラミングはタブレットから KOOV アプリを通して行った。

　障害特性のため、抽象的な概念をイメージすることが難しい児童にとって、具体物を操作しながら、プログラミングを体験することは、論理的思考を育むために適した方法だと考える。また、国語・算数で学んだ言葉・数や、自立活動で学んだタブレットの操作を活用して、ロボットをプログラミングで動かすというミッションに取り組むことで、未知の状況に置かれたときでも既知の情報を組み合わせて新たなスキルへと高め、対処していく姿勢が身に付くことが期待できる。

使用するツール・支援のポイント

【KOOV アドバンスキット】

　ソニー・グローバルエデュケーションが開発した、ブロックと電子パーツを組み合わせて、自由に創造しながらロボットが作成できるプログラミングキットである。「自由な組み立てができるので、多様な教科の授業で活用できる」「実際に具体物を操作することで、児童がプログラミングのイメージをもちやすい」という2点が、対象児に適していると考え取り入れた。

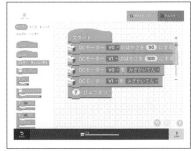

【KOOV アプリ】

　タブレットでプログラミングができるので、児童は直感的に操作ができ、トライ＆エラーを繰り返しながら、学ぶことができる。アプリには、「ロボットレシピ」「がくしゅうコース」「じゅうせいさく」の3つのコンテンツがある。本単元では、自由にプログラミングできる「じゅうせいさく」のコースを活用した。

【コース図】

　コース図は、「→」が描かれたシートを組み合わせて作るようにした。25cm × 25cm の大きめのシートを組み合わせてコースを作ることで、細かいプログラミングの数値を調整しなくても、ゴールできるようにした。

児童の実態

　対象の児童たちは、特別支援学校（肢体不自由）に通う、知的障害を併せ有する児童たちである。ひらがな等の理解があり、20 までの数の簡単な加減の計算ができる。日常会話の場面において、教員や友達と盛んにコミュニケーションがとれている。児童には抽象的な概念操作が難しい面もあり、具体物や模型を操作した方がより学びが深められる様子がある。その点を踏まえて、具体物が操作できるフィジカルプログラミングツールを活用した。

指導計画

次・時数	学習活動内容
第1次 （2時間）	**バスをまっすぐ進めよう** 目標　・ブロックを組み立てて、バスを作る。 　　　・コーディングの見本を見て、バスを 10 秒間前進させるプログラミングを行う。 手順　・電子パーツの使い方について知る。 　　　・モーターの速さと回転の向きを決め、前進するプログラムを作る。 　　　・決められたゴール地点まで進むプログラムを作る。
第2次 （2時間・本時）	**バスを右に曲がらせよう** 目標　・コースブロックを組み合わせて、バスが走るコースを作る。 　　　・コーディングの見本を見て、バスが曲がるプログラミングを作る。 手順　・矢印シートを組み合わせて、バスが走るコースを作る。 　　　・左右のモーターの速さを変えて、バスが曲がるプログラムを作る。 　　　・スタート地点から決められたゴール地点まで進むプログラムを作る。

（全4時間）

授業の流れ

	本時の展開	指導上の留意点
導入	①「曲がる」プログラミングを学習する。 ●評価規準 　左右のモーターの速さ（数）を変えると、ロボットバスが曲がることに気付き、適する数を選択する。 ●内容 　モーターの速さ実験表に合わせて、どの速さがコースに合っているかを確かめる。 ●使用教材 〈モーターの速さ実験表〉 （表）白＝V0 / 黒＝V1 / ○・△・× 100 60 ○・△・× 100 50 ○・△・× 100 40 ○・△・×	●つまずきの予測 ・モーターの左右が分からない。 ・速度の数値を変えるときに、どれくらいの数値を使ったらよいかが分からない。 ●つまずきに対する手立て ・視覚的な支援：左右のタイヤを白と黒で色分けして、白＝V0、黒＝V1とモーターの記号を記入する。 ・モーターの速度を変えるパターン表を作り、どの組み合わせがよいか試せるようにする。 
展開	②「まっすぐ進む」と「曲がる」のプログラミングを合わせてみよう！ ●評価規準 　コーディングの言葉「はやさ」「かいてん」の意味の違いに気付き、正しく言葉を使うことができる。 ●内容 　見本を見ながら、アプリを操作してコーディングする。 ●使用教材 〈コーディング見本〉 まっすぐ 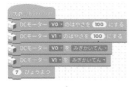 ＋ まがる 	●つまずきの予測 ・命令の数が多くなり、コーディングとロボットバスの動きの対応・結びつきが理解できなくなる。 ●つまずきに対する手立て ・1回で2つのコーディングをしない。「まっすぐすすむ」と「まがってとまる」のプログラミングを分けて提示する。  はじめは難しかったタブレットの操作や数の入力が、楽しんでコーディングをするうちにどんどんと上手になった。

展開	③ゴールを目指して、進む時間を調整する。 ●評価規準 　実際にロボットバスを走らせながら、コーディングを調整できる。 ●内容 ・何秒進めばよいか、ナンバーカードを置いて確かめながら、コーディングを修正する。 ●使用教材 〈コース図とナンバーカード〉 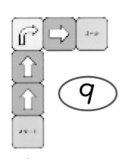	●つまずきの予測 ・どこの数値を変えるのか分からなくなる。 ●つまずきに対する手立て ・コーディングの数のみを変えるのではなく、実際のロボットバスの動きを見て秒数を数え、実際の数とコーディングが結びつくようにする。 ・数えるだけでなく、ナンバーカードを置いて、視覚的に確かめられるようにする。  9秒ではゴールしなかったときに、何秒ならゴールできるのかを考えて、⑪のカードを置くことができた。
まとめ	④今日の「学びのクイズ」を行う。 ●評価規準 　学びのクイズで考えを整理して、自分の考えをまとめて話すことができる。 ●内容 ・学びのクイズに回答する。 ・自分の考えを、シートを使って発表する。 ●使用教材 〈学びのクイズ〉 	●つまずきの予測 ・まとめで感想を求めると、「楽しかった」等、パターン化されたやりとりになってしまう。 ●つまずきに対する手立て ・クイズで選択肢を準備して、考えを整理した後に、自分の感想を言うようにする。 ・感想を述べるときには、感想シートを見ながら、それに合わせて、話をまとめられるようにする。 〈感想シート〉 ①わたしの　たのしかったことは、「〇〇」です。 ②そのりゆうは、「〇〇」だからです。 ③むずかしかったことは、「〇〇」です。 ④そのりゆうは、「〇〇」だからです。 ⑤つぎは、「〇〇」をしたいです。

実践を振り返って

　「ロボットバスを走らせよう」の単元では、国語・算数で学んだ数や言葉を活用する場面を設定して、教科の学びを深めていくためにプログラミング教育を活用した。

　プログラミングを活用した授業で驚いたのは、教員が「○○してみたら？」と支援をしなくても、ロボットバスの動きを確認しながらプログラムを修正していく「トライ＆エラー」を繰り返し、自分たちの力で目標を達成していく児童の姿が見られたことである。「10秒だと長すぎたから、7秒にする」「左じゃなくて、右だ！」と、細かくプログラムを修正し、ゴールできるまで何度もチャレンジしていた。

　特別支援学校に在籍する児童・生徒は、「できる力があるのに、できないと思われている」ことがある。それは、適切なスモールステップの支援を組み立てられていないことが原因の一つとも考えられる。特に、プログラミング教育の場合、発達段階に沿った内容の事例はまだ少なく、教員が個人の力のみでスモールステップを組み立てることは難しい。本校では、専門の大学や企業と連携しながら、継続してプログラミング教育の研修を実施してきた。今後も、授業実践と並行して研修に取り組み、よりよい実践を目指していくことが大切である。

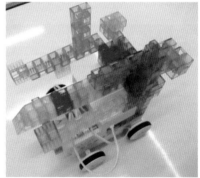

スクールバスをイメージして、個性豊かなロボットバスを制作した

発展・応用に向けて

　本実践では、コーディングを分けて行い、ロボットの動きを見て、コーディングと動きが結びつくように支援しています。また、最後にはクイズでコーディングの確認もしており、コーディングの意味を考えることに十分な時間を設けています。「トライ＆エラー」を行う活動では、この点を大切にしないと、「よく分からないけど、たまたまできた」といった単に偶然性の高い活動になってしまうこともあるため本事例のようなていねいな活動計画が必要です。（山崎）

生活単元 学習	# タブレットでプログラミングをして 段ボールロボットを動かそう！

富山県立となみ東支援学校　小学部　廣瀬勝弘

学習目標

段ボールロボットを組み立てて、動かしてみよう！

ロボットに指示できる「アクション」を把握し、その中から命令を組み合わせて、思い通りの順序で動かすことができる。【シーケンス】
（本時の学習は、ロボットに演奏させる曲のプログラミングと修正【デバッグ】）

　本実践は、これまで行ってきた画面の中の2次元キャラクターを動かすこと（p.68 参照）から発展させて、手軽で簡素なキットを用いてロボットを作り、「ハード（ロボット）もソフト（プログラム）も」自分で組み上げる体験を与えることを目指している。児童は、自分で作ったロボットに対して、「アームを動かす」「ライトをつける」「よく知った曲を鳴らしてみる」などの指示を出し、思い通りにロボットを動かすことを楽しんだ。

使用するツール・支援のポイント

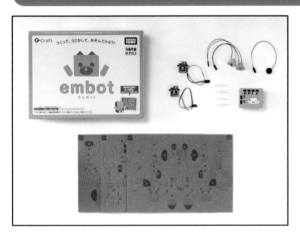

【embot（エムボット）】

　embot（エムボット）は、ＮＴＴドコモによって開発された教育用プログラミング用ロボットである。詳細は embot 公式ページ（https://www.embot.jp）。
キットには、専用段ボール、embot コア、サーボモーター、ライト（LED）2個、モーターパーツが入っている（WEB サイトで組み立てマニュアル、アプリマニュアルを提供している）。

【完成したロボット】

　実際に作った段ボールロボット。アームを胴体横に取り付けたり、他の形の耳を選択したりできる。

【選べる学習レベル】

レベル１：ブロックを繋げてプログラムを作り、プログラミングの基礎を学ぶ。

レベル２：条件分岐「if」、繰り返し「for」が使えるようになる。

レベル３：位置・温度・照度などの情報を使ってプログラミングできるようになる。

レベル４：変数が使えるようになる。

レベル５：ひき数が使えるようになる。

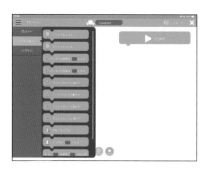

【選べるアクション】

　「ライト１をつける」「ライト２をつける」「サーボ１の角度を○にする」「アニメ１のように動かす」「ブザーをならす」などのアクションを選んで、命令ブロックを順番に積み重ねていくだけで段ボールロボットを動かすことができる。ライトやブザーは、「○秒待つ」というように時間指定をしないとつきっぱなし、鳴りっぱなしになることに注意する。

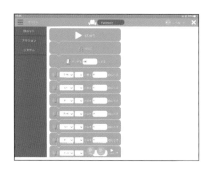

【曲の打ち込み：「ぞうさん」】

　楽譜は、「ヤフー知恵袋」などで調べると、分かりやすいドレミ表記の楽譜が見られる。音楽的な知識がなくても、音を聞きながら調整していけば、どのようなテンポや拍にすればよいのか分かってきて、いつも耳にしている曲に徐々に近付いていく。

児童の実態

A   B

知的障害
・S-M 社会生活能力検査
SA:10-10
・インターネットでの検索
体験がある。
・PCやタブレットの操作
が得意である。

知的障害・自閉症
・S-M 社会生活能力検査
SA:9-2
・インターネットでの検索
体験がある。

指導計画

次・時数	学習活動内容
第1次 （2 時間）	段ボールでロボットを作ろう
第2次 （3 時間・本時）	**いろいろなアクションを組み合わせて動かそう** ○アームを動かそう ○ライトをつけてみよう ○ブザー機能で曲を鳴らそう

（全5時間）

授業の流れ

	本時の展開	指導上の留意点
導入	①前時に行ったロボットのアクション「ブザー機能」を使って曲の演奏ができることを知る。	◉いろいろなアクションを試してみた後で、最後に曲作りを行う。
展開	②教員がプログラミングした「たのしいひな祭り」の曲を聞いてみる。	◉プログラミングの並びを見せ、曲の速さ（テンポ）を決められるブロックがあることを知らせる。 ◉実施時期が3月であったためこの曲にした。
展開	③課題曲「ぞうさん」をプログラミングで打ち込んでみる。【シーケンス】 ●「ぞうさん」の曲をインターネットで検索する。 ●『ぞうさん、ぞうさん、おはながながいのね』の部分を打ち込む。 ●できたものを聞いてみる。	◉簡単でなじみの曲を教員が提案する。 ◉「ヤフー知恵袋」などで次のようなドレミ表記の楽譜が見つかる。 ファ レ ド ファ レ ド ファ ソ ラ（ド）ラ ラ ソ ファ ソ　※（ ）は1オクターブ上 ◉教員が手伝いながら、一音ずつ命令ブロックを並べるようにする。
展開	④曲を少しずつ直していく。【デバッグ】	◉曲の途中で確認し、どこがおかしいのか考えさせる（曲のテンポや何拍伸ばすかなど）。 ◉この活動は、ゆっくり時間をかけてできるだけ自分で修正させるようにする。
まとめ	⑤完成した曲を聞き、本時の振り返りを行う。	◉児童の作ってみたい曲を考えさせる（短い曲や曲の一部分でもよい）。

実践を振り返って

　これまで行ってきた実践では、ビジュアルプログラミングにより、画面上のみで2次元の
キャラクターを動かしてきたが、本実践では、タブレットを無線コントローラーのように使っ
て自分たちで作った立体物（段ボールロボット）を実際に動かしている。「レベル1」で学べ
るのは embot のプログラミングの基本であるため行えるアクションは少ないが、児童たちは
自分が考えたプログラムでロボットが動くところを自分のクラス以外の教員にも「見て！
見て！」と披露しており、とても誇らしそうに見えた。アームを動かす角度で算数の「角度」
の学習に結び付ける実践例を聞いたことがあるが、ただロボットを動かすだけでも十分面白
いと感じた。

第1次「段ボールでロボットを作ろう」の様子

発展・応用に向けて

　生活単元学習として行った実践になりますが、音楽科の学習活動として実施すること
も可能でしょう。実際に演奏を行った曲をプログラミングすることで、自分が演奏して
いるときには夢中で気付けなかった曲想や音楽のつくりを再発見したり、友達のロボッ
トと合奏することで音楽活動の楽しさに気付いたりすることをねらいとしてみてもよい
でしょう。（山崎）

<table>
<tr><td>総合的な
学習の時間
クラブ活動
（パソコンクラブ）</td><td># プログラミングカーで遊ぼう</td></tr>
</table>

大阪府立八尾支援学校　中学部　吉田純

学習目標	○プログラミングカーの基本的な操作方法に慣れ、ルールを理解する。 ○プログラミングカーで遊ぶ。 ・短期的な予測を立て、結果を見てから改善させる、トライアンドエラーの思考方法。 ・前進、右折、左折を並べることで目的地までの道筋を論理的に組み立てるシーケンスの思考方法。

　本実践では、遊びを通してプログラミング的な思考を養うことを目的に、頭の中でプログラミングカーの動きや位置をシミュレーションしながらゴールまで導く一連のシーケンス（プログラムの積み重ね）にトライアンドエラーのアプローチで一歩ずつ迫っていく。生徒は、自ら考え、アイデアを出し合い、目的達成に向けて試行錯誤を繰り返した。

使用するツール・支援のポイント

【カードでピピッと　はじめてのプログラミングカー】

　本実践では学研ステイフルが発売している「カードでピピッと　はじめてのプログラミングカー」を使用した。

【基本カード】

　基本カードは4枚、「まえ」「うしろ」「ひだり」「みぎ」である。これらのカードをプログラミングカーにかざすことで、シーケンスを積み上げていく。

【その他のカード】

　その他のカードとして「クラクション」「ハザード」「ヘッドライト」がある。目的地までプログラミングカーを到達させるだけでなく、オリジナルのルールを作る際に使用する。あおり運転が時事ニュースとして取り上げられていたことから、シーケンスの途中にクラクションを取り入れる生徒が多かった。

【ゴールカード】

　ゴールカードでゴールを明示する。ゴール時にプログラミングカーに読み込ませると、歓声が上がるなど、音声でゴールしたことが演出される。

【調節可能な難易度】

　「ループ」「とまる」カードは本時では使用しなかった。「ループ」はシーケンスの指定した部分を繰り返す効果がある（最大カード10個分）。「とまる」は横断歩道の手前で「とまる」ことをルールとして適用する場合などに使用する。生徒の理解や授業進度によって使用するカードを取捨選択できることも本教材の特徴の一つ。

【作戦を練る・予想を立てる】

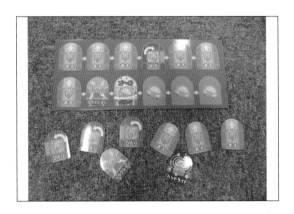

　実際にプログラミングカーにカードを読み込ませる前に、紙のカードを使ってシーケンスの予想を立てることもできる。頭の中でシーケンスを組み立てることが最終的な目標だが、生徒の理解度や記憶力に応じて、あるいは情報の共有化のために活用できる。

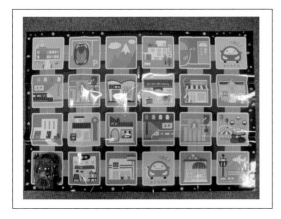

【地図】

　4×6の地図で、スタートやゴールを自分たちで決める。色々なマス目があり、ストーリーも作りやすい。地図からプログラミングカーがはみ出すこともあり、その度笑いが起こった。一度地図の外にプログラミングカーが出ても、トライアンドエラーで、地図外に出てから地図内に戻ってくるシーケンスを組むことができる。

生徒の実態

・総合的な学習の時間（クラブ活動・パソコンクラブ）に、3年生の5名を対象に授業を行った。

・本単元は2時間を使い、1時間目に遊びの学習を活用しての基本操作の理解、2時間目にルールを設定しての実践に取り組んだ。

・言語による指示理解は可能だが、理解度の個人差は大きかった。

・予測が外れても、失敗ではなく「笑い」や「次に繋げる」前向きな意識を集団で持つことができた。

・トライアンドエラーに当事者意識を持って取り組むためにも、5人以下（4人程度）の小集団の方が好ましい。

指導計画

次・時数	学習活動内容
第1次 （1時間）	プログラミングカーで遊ぼう
第2次 （1時間・本時）	プログラミングカーでゴールを目指せ

（全2時間）

授業の流れ

	本時の展開	指導上の留意点
導入	①あいさつ、出席確認を行う。 ②前回の話、復習を行う。	●日直による全体のあいさつ。
展開	③プログラミングカーの動かし方（基本の方向指示カード）についての説明を聞く。	●「まえ」「うしろ」「ひだり」「みぎ」のカードを提示し、手でプログラミングカーを動かす。
	④地図を見て、スタートとゴールを決める。	●適度な位置にスタートとゴールを設定する（最初は近くの方がよい）。
	⑤教員の手本を見る。	●地図上で、実際にプログラミングカーにカードをかざし、動かして手本を見せる。 ●生徒が興味をもてるようクラクションカードを

		活用する。
展開	⑥課題に取り組む順番を決める。	
	⑦カードを読み込ませ、シーケンスを構築する。	●取り組んでいるうちにルールの理解が進む。 ●一回のシーケンスがあまり長くならないようにする。
	⑧ゴールに到達できなかった場合、どうすればうまくいくのかみんなで考える。	●トライアンドエラーを自分のこととして考えるために、5人以下（4人程度）の小集団の方が好ましい。
	⑨ゴールに到達できた場合、次の人に交代する。以下、人数分繰り返す。	
まとめ	⑩本時の振り返りを行う。 ⑪次回予告、あいさつを行う。	●授業時間中、自分たちで考えて課題に取り組めていた点を評価する。

実践を振り返って

　生徒は、小さな車が自分の指示通りに動くことに興味を持ち、自ら進んで課題に取り組み、自分たちで解決方法を模索することができた。短いスパンで結果が出るプログラミングカーは、プログラミング教育の最初の入口として適している。

　生徒はプログラミングの授業とは思っていなかったかもしれないが、シーケンスを組み上げていく一連の流れや、小さなミスを修正しながら徐々に完成に近付けていくトライアンドエラーの思考方法は、まぎれもなくプログラミング的であり、ＰＣを使わなくてもプログラミング教育ができるという点でも収穫があった。

　ビジュアルベースのプログラミングツールやスクリプト言語などは、初めてプログラミングに触れる教職員・生徒にとってハードルが高い。しかし、本教材のように、遊びの延長としてプログラミング的な思考を学ぶ方法なら、ハードルも低く、支援の必要な生徒にとっても楽しめるものであると考える。

発展・応用に向けて

　本実践では、プログラミング教育のはじめの一歩としてプログラミングカーを用いています。プログラミングカーの特徴として"短い期間で結果が出る"ことがあげられています。プログラミングの初心者にとって、自分がプログラムしたものが、即座にそして確実に対象に反映されるということは、その後の学習に対するモチベーションを維持するのに重要なことです。（齋藤）

職業・家庭（情報）「Viscuit」でプログラミングをしよう

東京都立石神井特別支援学校　中学部　海老沢穣

学習目標	○ Viscuit の基本的な操作の仕方を習得する。 ○「メガネ」に絵を入れ、絵を動かす・変化させる・回転させることができるようになる。 ○コンピュータの仕組みについて知る。 コンピュータに命令を出す→その通りに動く、というプログラミングの基本的な考えを体験的に学ぶ。

　本実践では、「もっとやさしいビスケット」を利用して段階を踏んで Viscuit の基本操作を習得し、「絵を動かす」「絵を変化させる」「絵を回転させる」という 3 つの機能を活用して、自分の描いた絵を動かす活動に取り組んだ。できあがった絵は「ビスケットランド」に送り、自分や友達の絵を 1 つの画面に共有して楽しんだ。授業のまとめとして、① 1 つの「メガネ」には 1 つの命令しか入れられないこと、②コンピュータはたくさんの「メガネ」が組み合わさって動いていること、③「コンピュータに命令を出す→その通りに動く」ことを「プログラミング」と呼ぶことを説明した。

使用するツール・支援のポイント

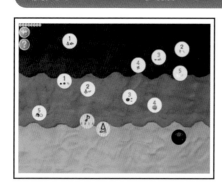

【もっとやさしいビスケット】

　本実践では原田康徳氏によって開発されたビジュアルプログラミング言語「Viscuit」の中の「もっとやさしいビスケット」を使用した。Viscuit は、自分の描いた絵でプログラムを作って動きを付けられるのが特徴で、直感的に操作ができるため、未就学児でも取り組みやすい。

　「もっとやさしいビスケット」は、標準の Viscuit と比較して、未就学児や特別に支援が必要な子供に配慮された教材で、Viscuit の基本的な操作をスモールステップで習得できるようになっている。不要なボタンや機能が隠されている、操作に慣れるため繰り返し課題が設定されている、児童生徒によって学習進度が異なっ

てもそれぞれが次に進められるなどの工夫があり、特別支援学校でも活用しやすい。

ViscuitのＷＥＢサイト (https://www.viscuit.com) にアクセスし、「授業やワークショップを実施する」のページからリンクを開くと、コードが発行される。各端末でそのコードのＵＲＬを開くか、Viscuitのアプリを起動して該当するコードを入力すると、同じ環境に入ることができる。指導者向け資料もＷＥＢサイトに公開されている。

【ビスケットランド】

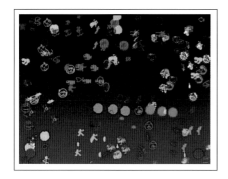

ネットワークに接続できる環境があれば、複数の児童生徒が描いた絵を一つの画面に共有する「ビスケットランド」の機能が活用できる。

作成した絵（プログラム）の保存場所を統一するため、プログラムを作成する際に絵の背景色を全員が同じものに指定しておく必要がある。「青」「緑」などの背景色に合わせ、描く絵のテーマを設けることも可能。

画面提示用に１台の端末を準備し、全画面表示にして投影すると、送信された絵が次々に画面に共有される。

【授業のまとめで使用したスライド】

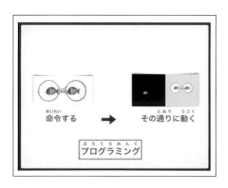

授業で取り組んだ活動のまとめとして、①１つの「メガネ」には１つの命令しか入れられないこと、②身の回りのコンピュータはたくさんの「メガネ」が組み合わさって動いていること、③「コンピュータに命令を出すとその通りに動く」ことを「プログラミング」と呼ぶことをスライドで説明した。

生徒の実態

・中学部１年の生徒30名。2グループに分け、入れ替え制の授業で進行。
・一人1台のタブレット端末を準備。

指導計画

次・時数	学習活動内容
第１次 （4時間）	Viscuitでプログラミングをしよう

（全4時間）

授業の流れ

	本時の展開	指導上の留意点
導入	①本時で取り組む Viscuit の「もっとやさしいビスケット」について知る。 ●「もっとやさしいビスケット」の画面を実際に確認する。	●スライドで Viscuit のサイトや簡単な操作説明の動画を紹介する。 ●「もっとやさしいビスケット」のスタート画面を提示する。
展開Ⅰ	②「お弁当作り（絵の配置）」 ●画面右端にある絵を画面の左側に指で動かし、絵を並べることを理解して取り組む。 ●様々な具材を組み合わせてオリジナルのお弁当を作ることを楽しむ。 	●教示用画面で例示してから取り組ませる。 ● Viscuit の操作の基本である「右端の絵を左側に指で動かして配置する」ことを体験的に理解できるようにする。 ●どんなお弁当ができあがるか楽しみながら取り組めるよう、机間巡視を行ったり、できあがったお弁当へのコメントを付けたりする。
	③「ロケット（進む方向）」 ●「メガネ」の左右にロケットの絵を入れる。 ●どうすればロケットを星に命中させることができるか考え、右側の絵を少しずつずらしながら工夫して取り組む。 ●命中させることができたら、次の課題に進む。 	●「もっとやさしいビスケット」のスタート画面を表示するよう促す。 ●教示用画面で例示しながら説明する。 ● Viscuit の操作の基本である「メガネに絵を入れてプログラミングする」ことを体験的に理解できるようにする。 ●「メガネ」の左右で同じ位置に絵を入れてしまった場合は絵が動かないことを説明する。児童生徒の実態によっては、あらかじめ教えずに、どうすれば動かせるかを考えさせてもよい。 ●進度が異なる場合は、矢印ボタンを押して次の画面に進んでよいことを説明する。
	④「りんご（絵の変化）」 ●「りんご」「魚」「風船」などの絵を用いて、「メガネ」の左側の絵を右側の絵に変化させる練習を繰り返し行う。 ●「電球」がついたり消えたりするプログラムを作る。	●「Aの絵がBの絵に変化する」という動きを体験的に理解できるようにする。 ●「電球」がついたり消えたりする絵の変化はどうすれば表現できるか問いかける。「A→B→A→B…」というプログラミングは2つの「メガネ」で作ることを伝える。

展開Ⅰ	⑤「かざぐるま（回転）」 ●「回転」のボタンを使用し、「メガネ」の絵を回転させることを学ぶ。	●「かざぐるま」の例を提示し、「回転」のボタンを使用すると絵を回転させることができることを説明する。
	⑥「絵を描く」 ●「鉛筆」ボタンを使用し、線や色を選びながら自分で絵を描くことを学ぶ。 ●自分で描いた絵を「メガネ」に入れ、命令通りに動かすことを学ぶ。 	●絵の描き方を例示しながら、自由に絵を描いて「メガネ」で動かすことを伝える。 ●今まで学んできた機能を振り返りながら、様々な動かし方を使ってみるよう促す。
	②～⑥については、第1次～第4次の中で時間に合わせて内容を調整しながら取り組む。	
展開Ⅱ	⑦「絵の共有（ビスケットランド）」 ●絵を動かすことができたら、「送る」ボタンでビスケットランドに絵を共有することを学ぶ。 	●ビスケットランドの背景色を決めて伝える。 ●絵の共有の仕方を例示し、完成した絵からビスケットランドに送るよう促す。
まとめ	⑧まとめ ●この単元で体験してきたことがコンピュータの仕組みであるということと、「プログラミング」という考え方について学ぶ。	●友達と絵を楽しく共有できたことを振り返る。 ●「メガネ」の原理とコンピュータの仕組み、「プログラミング」について分かりやすく説明する。

実践を振り返って

　本実践では、Viscuit のプログラムのうち「もっとやさしいビスケット」を活用し、学年全体で取り組んだ。初めの「お弁当作り」は興味をもって楽しめた生徒が多く、取り組みなが

ら Viscuit の基本的な絵の配置の仕方について学ぶことができた。その後の活動では、進度の異なる生徒がそれぞれのペースで取り組めるようにし、全体の時間を調整しながら次のステップに進むようにした。「絵を動かす」「絵を変化させる」「絵を回転させる」という３つの機能と操作方法を理解してから自分で絵を描く機能の説明に進み、最後に学んだ機能のそれぞれを活用して自分の絵を動かすという流れにした。自分と友達の絵を同じ画面で共有できる「ビスケットランド」はとても魅力的で、絵のプログラムが完成すると「送る」ボタンを押して「ビスケットランド」の画面に注目する生徒が多く、自分の絵がどんな風に表示されるか興味をもって楽しむことができていた。

授業のまとめでは、「メガネ」の原理がコンピュータの仕組みと同じであること、身の回りにある様々な製品も同じようにたくさんの「メガネ」によってプログラムされていることを、体験的に学ぶことができた。

発展・応用に向けて

Viscuit はプログラミングの基本的な考え方を、無理なく体験的に学ぶことができる優れたツールです。「もっとやさしいビスケット」は、Viscuit の基本的な操作方法から、絵を動かしたり変化させたりといったプログラミング的な要素に至るまで、子供たちが楽しみながら体験的に学ぶことができるように工夫されています。Viscuit の導入には、「もっとやさしいビスケット」は欠かせない教材でしょう。(齋藤)

美 術 アニメーションを作ろう！

大阪府立思斉支援学校　中学部　釘貫ひとみ

学習目標

○プログラミングとは何かを知る。
○キャラクター作成と動きの計画をアイデアスケッチする。
○計画書に沿って、必要なパーツと動きを「Viscuit」でプログラミングしていく。
・自分で意図した動きがプログラミングによって現実化できるという成功体験を通じ、意図した通りの動きになるまで「考案」→「指示」→「実行」→「やり直し」を何度も挑戦するチャレンジ精神と、それを繰り返すことで、論理的に考える力を育てたい。

　本授業の対象生徒は中学部10名であり、情報端末機器を使った美術課題に取り組んで2年目である。前年に行った「デジタル塗り絵」（線画を撮影し、端末上で着色する）や「張り子にデザイン」（立体物である張り子を撮影し、端末上で張り子に着色する）という学習を通じて、iPadの基本操作とアプリを使っての描画や着色に慣れた生徒たちである。

　本実践は、自分で描いた絵を動かす計画書を作成し、意図した動きになるまで、友だちと相談したり、間違いを直したりしながら繰り返し、論理的に考えることを学習する。生徒たちにとってアニメーションはとても身近なものなので、この学習を通じて、簡単なアニメーションを自分でも作ることができると知ってほしい。また、友だち同士で互いに気付いたことやアドバイスを共有できるようにした。

　なお、この応用編として「さわると絵が増える！」（p.100～103掲載）を実施した。

使用するツール・支援のポイント

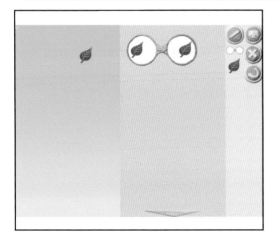

【Viscuit】

　合同会社デジタルポケット開発のプログラミングツール。難しいコードを書かなくても、絵を描く延長でプログラミングできる「ビジュアルプログラミング」を採用。障害のある生徒にも理解・操作しやすい。このツールの利用にはインターネット接続が必要である。今回はiPadにインストールして使用した。

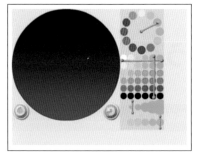

【Viscuit ツール：お絵描き画面】

　ここで絵を描く。指先で描画、色、線の太さを簡単に変えることができる。

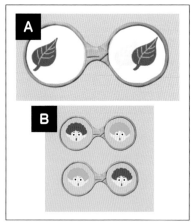

【Viscuit ツール：メガネ】

　描いた絵や用意されたマークをメガネツールの中に入れることで、様々な指示を出すことができる。左右両方に絵を入れた場合、「左の絵から右の絵に変化する」という指示になり、アニメーションを作成できる。

　Aの場合、葉っぱが左から右へとスライドして動くアニメーションになる。Bのように2つのメガネを並べた場合、キャラクターの髪の色が交互に変化するアニメーションになる。

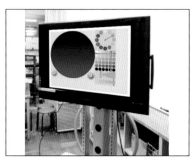

【教材提示の工夫】

　説明用スクリーン画面に指導者のiPadを繋ぎ、Viscuitの画面を表示する。指導者は、操作中の画面を見せながら全体に対する説明を行う。

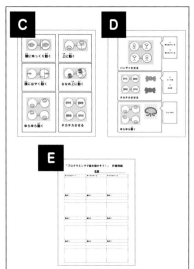

【配付プリント】

「動きの例を示した説明書」（C・D）

　生徒は、これを手元に置きながら、自分のiPadと見比べて制作活動ができる。

「計画用紙」（E）

　どんな絵をどのように動かすか、紙に書いて考える。

指導計画

次・時数	学習活動内容
第1次 （5時間・本時）	アニメーションを作ろう！
第2次 （2時間）	さわると絵が増える！

（全7時間）

授業の流れ

	本時の展開	指導上の留意点
導入	①プログラミングについての説明を聞く。 ●ビジュアルプログラミングについて ●動きのパターンとその指示について（メガネツールについて）	●ビジュアルプログラミングの概要とその使い方について、スクリーン画面を見せながら、注目する箇所が分かりやすいように説明する。
展開	②「計画用紙」を配付し、キャラクター及び動きのアイデアを紙に書いて考える。	●動かす絵が細かくなりすぎないよう、簡単に描けるものを1～3点考える。 ●動作パターンは「動きの例を示した説明書」を配付し、この中から選べるようにする。
	③ iPad の操作を行う。 ● iPad の起動 ●インターネットへの接続 ●「Viscuit」の起動	● Wi-Fi 接続ボタンを押す。 ●情報端末機器は、「ていねいに扱うこと」を徹底し、以下の点に注意するよう説明する。 ・iPad の受け渡しや、操作の際は、必ず両手で持つ。 ・iPad を落とさないよう、机の上に置いて制作する。
	④プログラミングを始める。 ●お絵描き画面で絵を描く。 ●制作画面で、メガネツールを出し、実際に絵を動かしてみる。	●お絵描き画面では、何度も絵を描き直せることを説明し、失敗を恐れず、安心して活動できるように言葉かけをする。 ●自分で立てた動きの計画と、友だちの動きが同じなら、お互いに協力し、教えあったり考えたりしながら活動する。
まとめ	⑤道具、作品の片付けと、振り返りを行う。 ●「Viscuit」を終了する。 ●インターネット接続を切る。 ● iPad の電源を OFF にする。 ● iPad と「計画用紙」を回収する。	●プログラミングは、生活の中で利用している電化製品やゲームなどに使われているものだと説明し、生徒自身が、自分の今回の体験と生活とを結び付けられるように話をする。 ●次回への動機付けになるよう、まとめの話をする。

実践を振り返って

　情報端末機器を使ってデジタル描画をするのが2年目になる生徒たちは、iPad での作品制作にも慣れているので、アニメーションを作ることに抵抗がない上に興味・関心も高く、ど

の生徒も、説明をすぐに理解し、意欲的に制作していた。また、普段ならすぐに諦めを口にする生徒も、この課題では、意図した動きになるまで、絵を描き直したり、友だちにアドバイスを求めてメガネの数を増やしたり、メガネの中の絵を入れ替えたりしながら、完成するまで何度もやり直しをしていた。

プログラミングの授業を行ってから、友だち同士で教えあうことがとても増えた。ユーモラスな動きをする作品には笑いが起こり、それを見た後は、自分のキャラクターでも試してみたいという意欲が生じ、「それ、どうやってやるの？」と、自分から友だちにやり方を聞いて、計画書で考えていた以外の動きをプログラミングし、教えてもらった友だちと一緒に完成した動きを見て、楽しんでいる生徒が何人もいた。これは生徒同士で「主体的で深い学び」を生み出した例であると言える。

美術の授業において、手描きの課題も十分に行いながら、情報端末機器での作品制作を行うことは、美術嫌いになっている生徒たちにとっても、絵に対する興味・関心を高めるよい動機付けになっていると感じている。情報端末機器上での描画は、実際の画材を使わないため、これだけを画材として扱うことについては考慮すべき点もあるが、生徒の中には、イメージする力が強くても、手先や腕を動かす運筆の力の加減がうまくできないためにイメージした通りに絵が描けないことに憤りを感じ、それが「絵が上手く描けない→絵が嫌い」と悪い連鎖に繋がっていた場合もあったと推察される。デジタルでの描画は、手先の器用さに関係なく、指先ひとつで描画ができ、線の太さ・色・タッチも変えることができるので、苦手意識を感じずに作品制作を行うことが可能なのだと思われる。「Viscuit」は、指先で簡単に操作ができるプログラミングツールであるため、生徒は操作性に悩まされることなくプログラミングに集中できる。

また、「Viscuit」は、自分で描いた絵をすぐに動かすことができる「ビジュアルプログラミング」であるため、初心者にとっては難しそうに感じられる「プログラミング」を、自然に受け入れながら制作できるという大きな魅力がある。一方、以前に他のアプリでプログラムしながら遊んだことのあった生徒は、その経験を通じ、論理的に物事を考え、意図した動きにするための方法を理解していたため、「Viscuit」を比較的簡単だと感じたようである。その生徒は「Viscuit」の学習にあたり、ペアになった生徒のキャラクターが意図した動きにならなかったときに、すぐに「こうしたらいいよ」などとアドバイスすることができていた。こちらも生徒同士で「主体的で深い学び」を生み出した例であると言える。

このように「Viscuit」は、一見簡単そうに見え、初心者でも楽しく取り組むことができるが、実は奥の深いプログラミングツールであり、そのふところの深さゆえに、どんな生徒にとっても、スキルだけではなく、「自己有能感」を育てるよい教材であったと感じている。

発展・応用に向けて

　本実践では「計画用紙」を用いて事前に生徒のイメージを表出したり、「動きの例を示した説明書」を配付しいつでも参照できるようにしたりするなど、アナログ手段を適切に用いた配慮がみられます。Viscuit は指先一本で描画ができるので、紙と鉛筆を用いることに困難を感じる生徒にとってはとてもよい画材です。ただし、何を描きたいのかそのイメージを形成することに難しさを感じる生徒もいます。そういった生徒に対しては、テーマを予め決めたり、描きたいものを検索したり、本を参照したりするなど、個々の実態に応じた手立てを用意していくと有効でしょう。またアニメーション制作の発展といった観点からは「KOMA KOMA for iPad」を用いるとよいでしょう。（齋藤）

| 美　術 | # さわると絵が増える！ |

大阪府立思斉支援学校　中学部　釘貫ひとみ

学習目標

○画面をさわると様々な色の図形が現れるプログラミングについて学習する。
○計画書に沿って、図形と動きを Viscuit でプログラミングしていく。
○おもしろいデザインになった画面をスクリーンショットで撮影し、鑑賞する。

・自分で意図した動きがプログラミングによって現実化できるという成功体験を通じ、意図した通りの動きになるまで「考案」→「指示」→「実行」→「やり直し」を何度も挑戦するチャレンジ精神と、それを繰り返すことで、論理的に考える力を育てたい。
・「センサー」によって外部の情報をプログラムに取り込み、そのプログラムに動きを与える。

　本授業の対象生徒は中学部 11 名である。

　本実践では、「Viscuit」で簡単な図形を描き、iPad の画面をさわるとその図形が現れるようプログラムした。そして、自分のプログラムしたことを実際に体験しながら、何度も画面をさわって図形を増やし、自分の思うようなデザインになるまで試行錯誤した。最後に、出来上がった画面をスクリーンショットで撮影し、色とりどりの図形を「模様」に見立てたデザイン画として発表・鑑賞を行った。

　「アニメーションを作ろう！」（p.95 ～ 99 掲載）の応用編になるこの学習を通じて、ゲームのプログラムにも使われる「センサー」について学んだ。また、自分の思うような結果を得るために、友だちと相談したり間違いを直したりして繰り返し取り組み、論理的に考えることを学習した。

使用するツール・支援のポイント

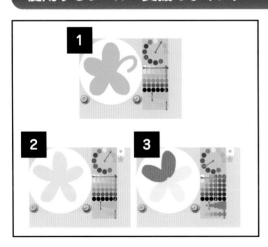

【Viscuit ツール：お絵描き画面】

①お絵描き画面で図形を描き、保存する。

②もう一度お絵描き画面に切り替えると、初めに描いた図形が右上に表示される。これをタップすると、薄い色で下絵として出てくる。

③上から違う色でなぞると、同じ大きさで色違いの図形を描くことができる。今回は 3 色分の図形を制作するという条件を設けた。

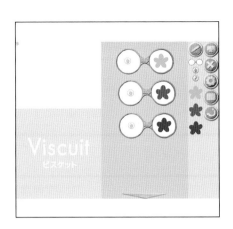

【Viscuit ツール：メガネ】

　メガネツールの左に「指マーク」、右に図形を入れると、「画面をさわると図形が出る」という指示になる。これを図形ごとに3種類分用意する。

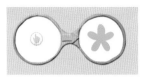

【Viscuit ツール：指マーク】

　「画面をさわったら○○する」という指示を出す。センサー。

【Viscuit ツール：あそぶ画面】

① 「あそぶボタン」を押して「あそぶ画面」に切り替える。

② 画面をさわると図形が現れる。自分がプログラミングしたことを実際に体験しながら、何度もさわって図形を増やし、増えた図形を「模様の柄」に見立ててデザイン画を制作する。

※ 画面をさわるたびに、用意した3種類の図形がランダムに現れる。思いがけない模様になるのを楽しみつつ、満足のいくデザインになるまで何度もやり直す。

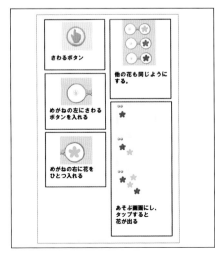

【教材提示の工夫と配付プリント】

　前次と同様に、説明用スクリーン画面に指導者のiPadを繋ぎ、Viscuitの画面を表示する。指導者は、操作中の画面を見せながら全体に対する説明を行う。

　個別に対しては、「動きの例を示した説明書」を配付する。生徒は、これを手元に置きながら、自分のiPadと見比べて制作活動ができる。

指導計画

次・時数	学習活動内容
第1次 （5時間）	アニメーションを作ろう！
第2次 （2時間・本時）	さわると絵が増える！

（全7時間）

授業の流れ

	本時の展開	指導上の留意点
導入	①プログラミングについての復習と、センサーについての説明を行う。 ●ゲームのプログラムについて ●動きのパターンとその指示について（メガネツールについて） ●今回使うボタンとマークについて	●「アニメーションを作ろう！」で説明した制作のポイントと、新しい「センサー」についての説明を、説明用スクリーン画面を見せながら行う。
展開	② iPad の操作を行う。 ● iPad の起動 ●インターネットへの接続 ●「Viscuit」の起動	● Wi-Fi 接続ボタンを押す。 ●情報端末機器は、「ていねいに扱うこと」を徹底し、以下の点に注意するよう説明する。 ・iPad の受け渡しや、操作の際は、必ず両手で持つ。 ・iPad を落とさないよう、机の上に置いて制作する。
展開	③プログラミングを始める。 ●お絵描き画面で、簡単な図形を描く。 ●さわるごとに違う図形を出したいので、色や形の違う3種類の図形を描く。 ●制作画面でメガネツールを出し、「指マーク」と図形を、それぞれ入れる。これを図形ごとに3種類分用意する。 ●「あそぶボタン」を押して画面を切り替え、自分がプログラミングしたことを実際に体験しながら画面をさわって絵を増やしていく。	●アプリ内では、何度も絵を描き直せたり、マークを入れ替えられたりすることを説明し、失敗を恐れず、安心して活動できるように言葉かけをする。 ●自分で立てた動きの計画と、友だちの動きが同じなら、お互いに協力し、教えあったり考えたりしながら活動する。 ●説明用スクリーン画面で指導者は、実際に操作の見本を見せながら、「センサー」を意識して画面にさわることを説明する。 ●さわった順番にかかわらず、出てくる図形の順番はランダムなので、思いがけない模様になるのを楽しみつつ、満足のいくデザインになるまで何度でもやり直してよいことを説明する。
	④作品を鑑賞する。 ●増えた図形を「模様の柄」に見立てて、おもしろい模様になったらスクリーンショットを撮影して、画像を保存する。 ●保存した画像から、自分のお気に入りの画像を1点選び、「AirDrop」機能を使って指導者の iPad へ送信する。	●説明用スクリーン画面で見本を見せながら、写真アプリに、自分の選んだ画像が入っているか、アプリ内の「カメラロール」を開いて確認するよう説明する。 ●鑑賞するときには、お互いの作品のおもしろい点を発表する。

	●指導者は、説明用スクリーン画面に生徒の作品を映し、鑑賞をする。	
まとめ	⑤道具、作品の片付けと、振り返りを行う。 ●「Viscuit」を終了する。 ●インターネット接続を切る。 ●iPad の電源を OFF にする。 ●iPad を返却・回収する。	●プログラミングは、生活の中で利用している電化製品やゲームなどに使われているものだと説明し、生徒自身が、自分の今回の体験と生活とを結び付けられるように話をする。 ◉次回への動機付けになるよう、まとめの話をする。

実践を振り返って

　この「さわると絵が増える！」では、前次の「アニメーションを作ろう！」で行ったビジュアルプログラミングの操作が完璧には身に付いていない生徒もいたが、「あれ、忘れてしまった」と言いながらも自発的に質問し、友だちのやり方を見て、自分の意図するデザインになるまで諦めずに制作を進め、鑑賞まで行うことができた。

　絵を増やす際には、制作画面に並べたメガネの順番通りに図形が出てくると予想し、その通りにならないとイライラする生徒もいるので、前もって「出てくる図形の順番は決まっていません」と説明を行い、生徒が不安にならないようにする配慮が必要である。

　また、今回は、新しく「センサー」について学習した。普段、スマートフォンやタブレットを使っている人にとっては当たり前の、「画面をタップすると反応する」のが「センサー」機能であり、これによってプログラムに影響を与えられるということを学んだ。「指マーク」を組み合わせたプログラムが、ゲームプログラムの基本になるということは、生徒にとって、大きな発見になったようだ。ある生徒は、簡単なゲームをプログラミングし、早速近くの友だちと遊んでいた。これは、指導者にとっても、とても喜ばしいことであった。

　一方で、「アニメーションを作ろう！」のときと違い、「センサー」を組み合わせたプログラミングは、「制作画面」で逐一動きを確認しながら制作することができず、「あそぶボタン」を押して画面を切り替える必要がある。このことを忘れてしまい、「やり直し」→「確認」の工程に手間取っていた生徒もいた。次回は、生徒に配付する説明書の内容に追加と工夫が必要である。

発展・応用に向けて

　本実践は美術科の中で行われている授業ですので、Viscuit を用いたデザインがメインの活動です。同時に「画面をタップすると反応する」というセンサー機能に関しても、指導の内容に含まれています。もしセンサー機能の活用により焦点をあてるとするならば、生活単元学習や総合的な学習の時間などに光や温度、傾き、地磁気センサーが搭載されている micro:bit を教材として活用するのもよいでしょう。例えば、光センサーを用いた「自動餌あげ機を作ろう！」や、地磁気センサーを用いた「コンパスを作ろう！」などの学習の中で、"ものづくり"と関連させながらセンサー機能の学習ができるでしょう。（齋藤）

**総合的な
学習の時間
サークル活動
（パソコンサークル）**

自分だけのデジタル水族館を作ろう
～「Scratch」を使ってプログラミング～

千葉県立東金特別支援学校　中学部　髙山慎太郎

学習目標

○キャラクターを動かすためのプログラムを入力することができる。
（知識・技能）
○素材から選んだキャラクターとリクエストしたキャラクターを動かすことができる。
（思考力・判断力・表現力）
○発表を通して自分の考えを表現したり、友達の表現や考えを認めたりすることができる。（学びに向かう力・人間性の涵養）
・プログラムを組み立て、キャラクターを動かすことができる。

　本校では、総合的な学習の時間に複数のサークルに分かれて活動している。その中のパソコンサークルの男子生徒6名を対象としたのが本実践である。今回使用する「Scratch」は、パソコン上で操作するプログラミングアプリであり、パズルを組み立てるように視覚的に命令文の順序や内容を構成できるようになっている（ビジュアルプログラミング）。このため、作成者の考えや願いを自由に表現しやすいのが特長である。また、導入では、「Scratch」を扱うNHKのプログラミング学習番組「Why!?プログラミング」を視聴し、プログラムの入力の仕方を学ぶとともに、興味・関心をもって取り組めるようにした。

　本実践では、生徒一人一人にキャラクターの動かし方を示した手順表を配付し、【10歩動かす】や【ずっと○○する（繰り返し）】などのプログラムを入力して、魚のキャラクターを動かした。動かし方に慣れてきたら、Scratchにあらかじめ用意されているキャラクター素材の中から好きなものを選んで動かし、自分だけのデジタル水族館を作った。最終的には、生徒がインターネット上から自分の好きなキャラクターの画像を入手し、アプリの中で自由に動かした。

使用するツール・支援のポイント

【Scratch】

　パズルを組み立てるようにプログラムを入力し、視覚的に命令文の順序や内容を構成できることによって、作成者の考えや願いを自由に表現できるのが特長である。

　また、自分の好きなキャラクターを挿入することができるので、自分が作りたいと思うものや世界観を自由に表現することができる。

【手順表】

　生徒がキャラクターに指示するプログラムを構築するための一つ一つの手順を示した「手順表」を用意した。自分の好きなキャラクターの挿入の仕方も示してある。

　授業中、教員の説明を聞いてから、生徒が自分でキャラクターを動かすことができるように配慮した支援ツールである。教員と手順表を見ながら進めたり、一人で見ながら進めたりと、各々の生徒が自分のペースで取り組む様子が見られた。

生徒の実態

知的障害
・教員と手順表を見てプログラムを入力することができる。

A

知的障害、自閉症スペクトラム
・パソコン操作に慣れており、教員の言葉を聞いて、プログラムを入力することができる。

B

知的障害
・教員と手順表を見てプログラムを入力することができる。

C

知的障害
・教員と手順表を見てプログラムを入力することができる。

D

自閉症スペクトラム
・パソコン操作に慣れており、教員の言葉を聞いて、プログラムを入力することができる。

E

知的障害
・パソコン操作に慣れており、教員の言葉を聞いて、プログラムを入力することができる。

F

指導計画

次数	学習活動内容
第1次	・Scratch について知る。 ・「Why!? プログラミング」を視聴する。 ・魚のキャラクターの動かし方を確認する。
第2次	・「Why!? プログラミング」を視聴する。 ・魚のキャラクターを動かす。 ・Scratch の素材から自分の好きなキャラクターを選んで動かす。
第3次 （本時）	・「Why!? プログラミング」を視聴する。 ・Scratch の素材から自分の好きなキャラクターを選んで動かす。 ・自分の好きなキャラクターの画像を挿入して動かす。
第4次	・素材から選んだり、自分で挿入したりしたキャラクターを動かす。 ・発表の準備をする。
第5次	・発表を行う。

授業の流れ

	本時の展開	指導上の留意点
導入	①始めのあいさつをする。	●「Scratch」をすでに開いた状態にする。 ●生徒に「あいさつをしましょう」と言葉をかける。
展開	②本時の流れを確認する。 ●題材の予定表を見る。 ●テレビで本時の予定表を見る。 ①はじめのあいさつ。 ②えいぞうを見る。 ③キャラクターを動かす。 ④リクエストしたキャラクターを動かす。	●前回の内容に触れ、今回はキャラクターを動かすことを伝える。
	③「Why!? プログラミング」を視聴する。	●復習として、前回の授業で学んだことを振り返る。 ●教員のPC画面をテレビで映し出し、Scratchに用意されているキャラクターの素材の選択方法を伝える。素材は複数選んでもよい。
	④好きなキャラクターを素材から選択して、プログラムを入力する。	●前回作成したキャラクターのプログラムや手順表を参考にしてプログラムを入力するよう伝える。
	⑤キャラクターの挿入の方法について説明を聞く。	●活動を途中で止め、教員に注目するように言葉をかける。教員のPC画面をテレビで映し出し、挿入の仕方を説明する。
	⑥リクエストしたキャラクターを挿入する。	●教員の説明が終わってから、プログラム表を活用して、生徒が自分で挿入できるようにする。 ●挿入の仕方が分からなくなったら、教員と一緒に確認しながら行う。
	⑦挿入したキャラクターを動かす。	●動いているキャラクターのプログラムを確認したり、プログラム表を活用したりするように言葉をかける。
まとめ	⑧終わりのあいさつをする。	●題材の予定表を提示して、次回は発表の準備をすることを伝える。

実践を振り返って

　本実践では、水族館をテーマに魚を動かしたり、インターネットから好きな画像を保存して挿入したりと、生徒の自由な発想が反映されるように自由度を高くして行った。その際、生徒が自分で考えながらキャラクターを動かすことができるように、授業者がテレビで説明したり、手順表を配付したりした。どの生徒も説明をよく聞いて実践でき、説明が終わってから途中で分からなくなっても、教員と一緒に、あるいは自分で手順表を見て進めることができた。授業を進めていく中で、パソコン上で動くキャラクターを見て、「自分にこんなことができるなんて」と、達成感・成就感を味わう生徒の様子が見られた。また、キャラクターを動かすことに成功したときに「先生できたよ！」と嬉しそうに話をしてくれる生徒もいた。

　本実践では、順序立ててプログラムを入力し、キャラクターを動かす活動を繰り返し行うことで、論理的思考の育成に繋がったと考える。また、次の授業を楽しみにしている生徒もおり、興味・関心をもちながら実践できたと感じる。最後に、授業者の思いとしてＰＣには、インターネットを使って調べたり、好きなテレビアニメ等の動画を視聴したりする以外に、自分だけの空間を作り出せるプログラミングという楽しさもあることを生徒に伝えていきたいと考えている。

発展・応用に向けて

　本実践は、Scratch を用いて生徒一人一人が自分だけのデジタル水族館を制作するという実践でした。「水族館を作ろう」という題材を、小学部の児童を対象に実施する場合、より操作が直感的な Viscuit を用いるとよいでしょう。Viscuit を用いれば個人が作ったものを、教員の側で容易に１つの画面に集約し提示することができます。中学部の生徒でしたら、一人一人の発表の時間を確保し、“一人が発表をする”“周囲が聞く、質問する”などといった活動が成立しやすいでしょう。一方で、小学部の児童に対しては、各自が作った生き物を１つの画面に共有し、「あっ、ぼくのさかながいる！」「あの面白い生き物だれのかなー？」など、感想を自由に言い合うといった鑑賞の方がより成立しやすいかもしれません。(齋藤)

情報 ポイ捨てゼロ大作戦

東京学芸大学附属特別支援学校　中学部　齋藤大地

学習目標	○ micro:bit の基礎的な操作方法を知り、簡単なプログラムを作る。 ○ micro:bit を使って自分の考え（好きなものなど）を表現する。 ○身近な問題解決のためのアイデアを出し、友達と意見を交流する。 ○ micro:bit について学習したことを、身近な問題解決に生かそうとする。 ・自分が作成したプログラムが意図通りに動かなかったとしても、試行錯誤を繰り返し粘り強く取り組むこと。 ・創造性を発揮して、自分というものをプログラミングを通して表現すること。 ・自分とは違う友達の意見を取り入れ、よりよいものを作ろうとすること。 ・現実世界の中の問題（ポイ捨て）を解決するために、ＩｏＴ的な観点からプログラミングをすることを通し、"自分たちは世界を変えられる"という意識を持ってほしい。

　本実践は、生徒たちが学習したプログラミングに関する知識を活用し、現実場面の身近な問題（学校の周囲のポイ捨て）を解決できるように計画したものである。単元の前半にmicro:bit の基本的な使い方を学んだ生徒たちは、単元の後半に学校の周囲のポイ捨てをなくすためにテクノロジーが活用できないか話し合った。生徒たちが考えたのは、学校を囲うフェンスに micro:bit で文字が表示される看板を設置すること、そしてゴミを捨てるとゴミ箱の蓋の裏につけた micro:bit から音が鳴るゴミ箱を設置することの２点であった。それらを設置後、再度学校の周囲のゴミ拾いをしてみると、ポイ捨てされているゴミは設置前に比べ確実に減っていた。こうした体験を通し、生徒たちは "自分たちの行為が他の人々を動かした" と感じることができた。

使用するツール・支援のポイント

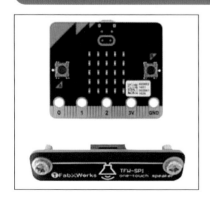

【micro:bit】

・プログラミングしたことが、ＬＥＤが光ったり、音が鳴ったりして直接的にフィードバックされる。つまり、生徒にとって自分の行動とその結果の関係性が分かりやすい。

・ＬＥＤが光る、音が鳴る以外にも様々な機能があり、生徒の個人差に応じやすい。

・様々なセンサーを活用することで、ＩｏＴ的な発想を用いて現実世界の中の問題解決に結びつけやすい。

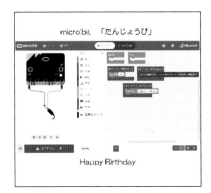

【ワークシート】

・その時間に扱うプログラムの回答例を視覚的に示したワークシートを、2次、3次の時間に生徒に配付した。配付する際は、ワークシートのプログラムは回答例の一例にすぎないこと、加えて参照するかどうかは個人の自由であること、分からないときは先生や友達に自由に質問しに行ってよいことを伝えた。

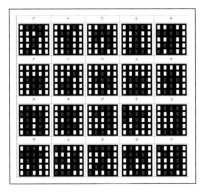

【カタカナ表】

・LEDをカタカナで表示したいという生徒に対しては、カタカナ表を配付した。生徒が表を手元に置き、自分のペースで制作を進められるようにした。

生徒の実態

本校中学部では、「情報」の授業は半期の選択制の授業として設定している。本実践において「情報」の授業を選択した生徒は、以下の7名であった。

自閉症
・1学年
A

広汎性発達障害
・2学年
B

広汎性発達障害
・3学年
C

知的障害
・3学年
D

自閉症
・3学年
E

知的障害・
発達性協応運動障害
・3学年
F

知的障害
・3学年
G

・全員がICTに対する関心は高いが、スキルについては個人差が大きい集団であった。

指導計画

次・時数	学習活動内容
第1次 （1時間）	**micro:bit ってなんだろう** ・ゲストティーチャー（Microsoft のスタッフ）から、プログラミングや micro:bit についての説明を聞く。 ・グループに分かれて micro:bit で簡単なプログラミングをする。
第2次 （1時間）	**micro:bit で誕生日をお祝いしよう** ・自分の誕生日（「19841011」など）をＬＥＤで表示し、『HappyBirthday』のメロディーを流すプログラムを作成する。 ・作ったプログラムを一人ずつ発表しあう。
第3次 （1時間・本時）	**micro:bit で好きなものを表現する** ・micro:bit で自分の好きなもの（アニメや電車など）を、主にＬＥＤと音楽で表現する。 ・作ったプログラムを一人ずつ発表しあう。
第4次 （1時間）	**学校の周りのゴミ拾いをしよう** ・2グループに分かれて学校の周りのゴミ拾いをする。 ・どのようなゴミがどこに落ちているか地図に記入する。
第5次 （1時間）	**ポイ捨てゼロを目指そう　その1** ・ポイ捨てをゼロにするためにはどうすればよいのか考える。 ・ポイ捨てをゼロにするために、テクノロジー（micro:bit）が利用できないか考え、試作する。
第6次 （1時間）	**ポイ捨てゼロを目指そう　その2** ・前時に考えたアイデアを、micro:bit を活用して形にする（ものづくり）。

（全6時間）

授業の流れ

	本時の展開	指導上の留意点
導入	①教員の好きなものを micro:bit を使ってＬＥＤと音楽で発表する。	●前時までの学習を振り返りながら、ＬＥＤと音楽で自分の好きなものを表現するという学習内容を確認する。
展開	② micro:bit を使って、ＬＥＤと音楽で自分の好きなものを表現する。	●個人作業に入る前に、教員が作成したプログラムを記したワークシートを配付する。その際、ワークシートのプログラムは回答例の一例にすぎないこと、参照するかどうかは個人の自由であること、分からないときはいつでも教員や友達に質

展開		問してよいことを告げる。 ●生徒の実態に応じて、AとBの物理ボタンにLEDの表示と音楽の再生を振り分けられることを伝える。 ●教員は基本的に生徒の活動を見守り、生徒の表現を賞賛することを前提として接する。生徒の手が止まり困っていそうなときは適宜声をかけるが、直接的に正しいプログラムを教えることは避け、ヒントを与えたり友達に聞くように促したりする。
	③作成したプログラムを発表し合う。 **後輩にアドバイスする先輩**	●お互いの作品を認め合えるような発表を心がけ、教員が積極的に評価する。段階的に教員の発言を減らし、生徒同士が相互評価できるように促す。 ●肯定的な意見が出た後に、「もっとこうしたほうがよい」などのアドバイスはあるかどうか生徒に問う。その際、各自が作成したプログラムが共有できるようにモニターに表示する。 ●発展的な内容（物理ボタンの活用）に取り組んだ生徒の発表の際には、次の時間以降他の生徒も同様のことができるようマニュアルを配付する。
まとめ	④本時の振り返りを行う。	●これまでの micro:bit に関する学習についても振り返り、LEDで表示する、音を鳴らすことができること、及びそのプログラムについて確認する。 ●次の時間以降は、これまで学習したプログラミングに関する知識やスキルを実際の問題解決場面に生かすことを伝え、生徒の期待感を高める。

実践を振り返って

　これまで本校の中学部・高等部では Pepper、Ozobot、Sphero、Scratch などを情報の授業で活用してきた。これらはその物自体が魅力的であり、生徒たちの "さわってみたい" "動かしてみたい" という意欲を掻き立てるものだった。一方で micro:bit は、電子回路等に関心がある生徒以外にとっては、その物自体の魅力が薄いのではないかと、当初は考えていた。

　しかし、この考えは杞憂に終わり、初回の授業でＬＥＤが光ったり音楽が流れたりするのを体験する生徒の姿は実に楽しそうであった。おそらく、ブロックを組み合わせてプログラミングした結果が、確実にそして即時的に反映されるという micro:bit の特性が、生徒を惹きつけた一つの理由であろう。Pepper、Ozobot、Sphero はその物自体に魅力があるが、確実性、即時性という観点から言えば、micro:bit に一日の長があると考える。特にプログラミングの経験が浅い生徒にとっては、自分がプログラムしたことが確実にそして即座に現実の物体を通して反映されるということこそがモチベーションを高めるという点で重要であった。

　単元の後半では、「ポイ捨て大作戦」という大きな目標を全員で共有し、そのためにテクノロジーを使って何かできないかと考えたところ、生徒たちから「看板が光っていたらみんなが見てくれそう」「人が前を通ったときに音が鳴るようにすれば看板を見てもらえそう」「看板の隣に、ゴミを捨てたらハッピーな音楽が鳴るゴミ箱を作りたい」というアイデアが生まれた。これらのアイデアが生徒から出てきた背景として考えられるのが、単元の前半で学習した micro:bit の特性である。ＬＥＤが光る、音が鳴る、様々なセンサーを搭載しているなどという micro:bit の特性は、現実の世界の問題解決と生徒を比較的簡単に結びつけてくれた。

発展・応用に向けて

　プログラミングした結果が実物に即時的に反映される micro:bit の特性をうまく生かした事例です。本事例の最大の特徴は、現実世界の身近な課題解決にプログラミングをどう生かせばよいか、生徒たちが対話をしながら実際に取り組んだ点です。プログラミングは知的障害のある子供たちが苦手とされる論理的思考力を育てることのみが目的ではありません。コンピュータの特性を学び、自分たちに何ができるか考え、実際の課題解決にチャレンジしてみる。プログラミングをはじめとする情報活用能力を培うことで子供たちの可能性が広がっていくことを、本事例から学ぶことができます。（**海老沢**）

生活単元学習	伝えよう！ 松江養護学校の伝統

島根県立松江養護学校　高等部　八幡茂雄

学習目標

今年度の学校行事「松養まつり」を振り返り、次年度の目標を立てることができる。

・発表内容を「①発表するものの歴史の紹介」「②本校での取り組みの紹介」「③自分たちの取り組みの紹介」の3つの工程に整理してまとめられる。【シーケンス】

　本校では、学校行事「松養まつり」において1年生が「南中ソーラン」、2年生が「鼕太鼓」に取り組む。本実践では、1年生がこれらの取り組みについて紹介するために、情報をまとめた。

　このとき、「○○について紹介する」一連の流れをシーケンスと捉え、「○○の情報を伝える」ために必要なことを3つのステップに分解して考えた（①発表するものの歴史の紹介、②本校での取り組みの紹介、③自分たちの取り組みの紹介）。また、まとめる作業についても、工程を細かく分けてステップ化し、グループで協力して役割分担しながら取り組んだ。

使用するツール・支援のポイント

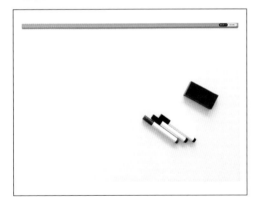

【まなボード】

　「まなボード」は、泉株式会社から発売されているパネルの上に透明フィルムが1枚重ねられたホワイトボードである。フィルムとパネルの間にワークシートなどの教材を挟み込み、上から書いたり消したりすることができる。背面のマグネットで黒板などに貼り付けて掲示することもできる。

　話し合い活動の際、「まなボード」を使ってグループでメモをとることにより、文字を書くのが苦手な生徒も参加しやすくなり、円滑に進めることができた。

生徒の実態

A	知的障害
B	知的障害、広汎性発達障害
C	知的障害、広汎性発達障害
D	知的障害、広汎性発達障害、読み書き障害
E	知的障害、広汎性発達障害、綴り字障害

指導計画

次・時数	学習活動内容
第1次 （4時間）	今年度の自分たちの取り組み「南中ソーラン」を振り返り、まとめよう
第2次 （3時間・本時）	来年度取り組む予定の「鼕太鼓」を紹介しよう

（全7時間）

授業の流れ

	本時の展開	指導上の留意点
導入	①復習として、前次に「南中ソーラン」についてまとめた際に気が付いたことについて確認する。 　紹介の流れを3つの工程に分割 （1）発表するものの歴史の紹介 （2）本校での取り組みの紹介 （3）自分たちの取り組みの紹介	●紹介の流れという大きな事象をシーケンスと認識し、3つのステップに分割して考えられるよう、教室のホワイトボードを3つの空間に分割して板書する。
展開	②来年度に取り組む「鼕太鼓」についても同様にまとめる。	
	③「(1)発表するものの歴史」について調べる。本・パンフレット・インターネットと調査の方法ごとに役割分担する。	●松江市の観光についての調べ方のポイントを説明した後、グループで相談して本、パンフレット、インターネットで調べられるようにする。
	④まなボード1枚にまとまるように意見を出し合う。	●「始まり」と「現在の位置付け」が分かるようなまとめ方をするように説明を加える。自分たちで進められなければ教員が支援する。

展開	⑤2グループに分かれ、「(2) 本校での取り組みの紹介」「(3) 自分たちの取り組みの紹介」について担当の先生に取材してまとめる。	●担当教員から、(2) に関しては本校での取り組みの経緯について、(3) に関しては来年度取り組む予定や、地元団体「鼕友会」の皆さんとの関わりについて教えてもらう。
	⑥まなボードを教室のホワイトボードに貼り、3ステップで紹介がまとめられることを確認する。	●ソーランの紹介と比較できるように配置を工夫し、3ステップを意識させる。
	⑦次回、パワーポイントでまとめ資料を作成するための分担や、必要な画像などの見通しを立てる。	●「資料を作るためにこんな画像がほしい」といったリクエストをまとめさせる。
まとめ	⑧本時の振り返りを行う。	●意見の出し合いやグループでの活動、個々の得意を意識して分担できたことを振り返り、次回の活動への意欲を高めるようにする。

板書イメージ

伝える　ソーラン・鼕太鼓の取り組み		3ステップで分かりやすく伝えよう	
	（1）歴史	（2）本校では	（3）私たちの取り組み
ソーラン（前次）	●ソーランの始まり ●発展の経緯 ●今、全国では	●いつから始めたのか ●なぜ始めたのか ●先輩たちの思い	●来年度の取り組みの予定
鼕太鼓（本時）	●鼕太鼓の始まり ●国宝・松江城と共に発展 ●現在、松江市内では	●音楽の先生に聞いた情報 ●本校での取り組みの歴史	●学年主任の先生に聞いた情報 ●これからの取り組みの予定 ●（鼕友会さんとの練習）
3ステップにまとめると見やすい、分かりやすい			

実践を振り返って

　本実践では、総合的学習の時間で行った学校行事「松養まつり」での発表の事後学習としての意味合いと、来年度に向けての見通しを生徒自身がもつための事前学習の意味合いがある取り組みとなった。学校全体から見ると軽度な知的障害の生徒たちではあるが、発達障害の特性からくる見通しのもてない不安に対してパターン化してあることへの安心感は他の生徒よりも大きい。通常であれば学んだことの面白さや論理的構成を考えパワーポイントにまとめていくところであるが、障害特性への対応のため、一連の流れをシーケンスと捉え取り組んでいくことで生徒も教員も見通しをもって取り組むことができた。役割分担では、綴り字障害の生徒がマーカーを持って書き始めるなど当初想定していなかったことも起こったが、それぞれの活躍の場面が確保され、後の発表に結び付いた。今後、環境が整えば、まなボードをタブレットに代えてみるなどで、さらなる学習への効果が期待できるかもしれない。

発展・応用に向けて

　本事例は発表の内容を構成する際に「シーケンス」の考えを取り入れた事例です。まなボードで視覚的に分かりやすく取り組んだ点、3つの工程を提示して見通しをもって試行錯誤のできた点が特徴です。こうしたアンプラグドによる体験をさらに本格的なプログラミングの学習に繋げるには、実際にコンピュータを活用して学ぶ内容に展開させたいところです。生徒たちがプログラミングツールを活用し、発表内容をより効果的に構成することができれば、本事例の取り組みが生かされていくと思います。(海老沢)

国　語	学校祭の作文を書こう

北海道美深高等養護学校　高等部　加藤章芳

学習目標

学校祭を振り返って作文を書くことができる。
・学校祭での自分の活動を振り返るために、柱になるテーマを教員が設定し、生徒が柱になる質問に返答をして、他人に伝わる、より説得力のある作文の流れを構成する。

　本実践は、論理的な思考力・文章構成力の育成を目指しながら、学校祭を振り返って作文を書くことを目標にしている。

　学校祭の中で楽しかったことは何だったか、またそれはなぜかなど、教員が作文に盛り込んでもらいたい要素を生徒側へ質問の形で投げかけ、生徒はそれに返答して、作文に書く内容を整理する。その後は、生徒自身が、自分の手元の iPad でアプリ「ロイロノート・スクール」を使い、作文の流れを構成する。最終的には、組み立てた構成に沿って、ＰＣのワープロソフトで作文を執筆する。

使用するツール・支援のポイント

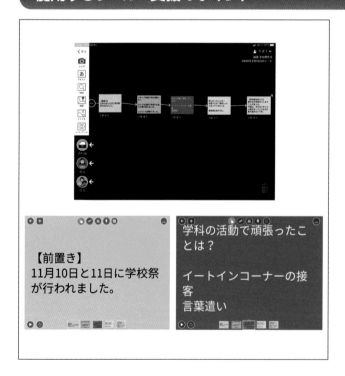

【ロイロノート・スクール】

　株式会社 LoiLo が提供する教育支援アプリ。自分の考えを「カード」に書き出し、自由に繋げたり順番を並べ替えたりすることで、文章やプレゼンなどの構成を練ることができる。

　また、「ロイロノート・スクール」は、アプリを通して教員からの発問を全生徒に一斉に投げ掛けることができ、生徒からの返答を集約・一覧表示することもできる。

　ＰＣでも活用できるが、カードの並べ替えなどが直感的に行えることから、iPad のアプリを使用した。

指導計画

次・時数	学習活動内容
第1次 （1時間）	学校祭の活動を振り返って 〜作文の書き方〜
第2次 （1時間・本時）	学校祭の活動を振り返って 〜作文の柱を考える①〜 ・作文の構成をロイロノート・スクールを使って考える。
第3次 （1時間）	学校祭の活動を振り返って 〜作文の柱を考える②〜 ・ロイロノート・スクール（作文の構成）を見て、ＰＣで作文を書く。
第4次 （1時間）	学校祭の活動を振り返って 〜作文発表会〜

（全4時間）

授業の流れ

	本時の展開	指導上の留意点
導入	①本時の予定を聞く。 ●学校祭の活動を振り返り、まとめとして作文を執筆することを知る。 ● iPad を配付して、「ロイロノート・スクール」を開く。	● iPad の基本的な活用方法、「ロイロノート・スクール」の操作の仕方を説明する。 ●机間巡視を行い、iPad や「ロイロノート・スクール」の操作方法で困っている生徒には、操作方法を支援する。
展開	②「作文の柱」を作る（盛り込む話題を整理する）。 ●「ロイロノート・スクール」を使い「ステージ発表で何を頑張った（楽しかった、面白かった、感動した、嬉しかった）のか？」という質問を教員から投げかけ、生徒からの返答を受ける。 ●受けた返答からさらに繋げて、「楽しかった（面白かった、感動した、嬉しかった）のはなぜか」を教員から投げかけ、生徒からの返答を受ける。 ●「学科の活動の中で何を頑張った（楽しかった、面白かった、感動した、嬉しかった）のか？」という質問を教員から投げかけ、生徒からの返答を受ける。 ●「学校祭が終わって、卒業に向けて自分をどうしたいか？」という質問を教員から投げかけ、生徒からの返答を受ける。	

| 展開 | ③作文の構成を考える。
●「ロイロノート・スクール」上でカードを整理して、「自分の一番に訴えたいことは何か?」「次に訴えたいことは何か?」「最後に書くことは何か?」について考え、記述する順番にカードを並び替える。 | ●作文の構成が完成したら、教員に伝え確認をとるように伝える。 |
| | ④PCを使い、作文の執筆を行う。
●「ロイロノート・スクール」で構成した流れを参考にしながら、PCで作文を執筆する。 | ●作文の執筆活動には、書字が苦手な生徒もいることから、PCのワープロソフトを使用した。 |

実践を振り返って

本実践では、「作文を書くこと」に対して苦手意識がある生徒への支援の方法を考えて授業を行った。

従来の手書きによる「作文を書くこと」の指導は、生徒にとって、「文字を書くこと」への苦手意識や、「自分の活動を振り返ること」「文章を作る(書く)こと」への抵抗感などが重なるものであると予想される。また、生徒がある程度の文章量を書いたところで教員の推敲が行われ、修正が求められることから、過度な負担をかけることに繋がり、十分な「論理的な文章構成力」の育成まで至らないことが多い。さらに、他人に伝わる説得力ある文章構成を指導することの難しさも感じていた。

そこで、「作文の柱となること(盛り込んでほしい要素)」を事前に教員側で用意して生徒へ質問し、その答えを集約して、教員と相談をしながら作文を執筆する指導方法を考えた。また、文字を手書きする必要がないよう、タブレットやPCなどを利用することにした。

このような指導法と「ロイロノート・スクール」の活用によって、生徒からの質問や相談が増え、自らの活動をより具体的に振り返ることができ、説得力がある他人に伝わりやすい文章構成力の育成に繋がるということが分かった。

発展・応用に向けて

本事例は文章を作成する際の思考ツールとしてロイロノートを活用した事例です。「作文の柱」となる内容を視覚的に分かりやすくカードにし、試行錯誤をしながらカードを組み合わせて全体の構成を考える点が、論理的思考力の育成に繋がっていると考えられます。こうしたツールを活用することで全体の構成ができるようになることが体験できれば、コンピュータを活用したプログラミングの学習へとスムーズに繋げることが可能になるでしょう。(**海老沢**)

体育	# 創作ダンス

北海道美深高等養護学校　高等部　加藤章芳

学習目標

課題曲に合わせて、提示されたダンスの動作を組み合わせ、一連のダンスの動きを構成することができる。

・提示された数パターンのダンスの動作を使い、課題曲のリズムやテンポに合わせて構成を考える。

　本実践は、選択肢として提示された数パターンのダンスの動作の中から、課題曲のリズムやテンポに合わせて、「どのタイミング」で「どの動作」を行うか、また、「どの動作」を繰り返し取り入れるかを、生徒同士が相談して決め、グループ全員で一つの曲のダンスを構成することを目的とする。

　3つのグループに分かれた生徒たちは、自分たちが決めた通りに踊ってみながら、タイミングの合わない箇所等を修正していった。最後にはダンスを披露する時間も設けた。

使用するツール・支援のポイント

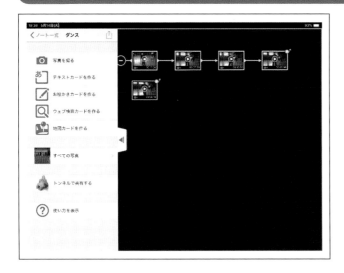

【ロイロノート・スクール】

　株式会社 LoiLo が提供する教育支援アプリ。iPad で撮影した動画を「カード」として使用することができ、自由に繋げたり順番を並べ替えたりすることができる。「どの動作を何回繰り返す」や「どのタイミングでどの動作を入れる」といったことを話し合う際、カードを入れ替えながら具体的に相談することができるようにと考え使用した。

　カードとして使うための動画は、ダンスの得意な子に踊ってもらい、撮影した。

指導計画

次・時数	学習活動内容
第1次 （2時間）	課題曲に合わせて踊ろう 〜課題曲に合わせてダンスを考える①〜
第2次 （2時間・本時）	曲に合わせて踊ろう 〜課題曲に合わせてダンスを考える②〜
第3次 （2時間）	学校祭の学年の出し物に向けて 〜「よさこい」を踊ろう〜

（全6時間）

授業の流れ

	本時の展開	指導上の留意点
導入	①本時の予定を聞く。 ●「課題曲」を全員で聴く。 ●数パターンのダンスの動作を知る。	●数パターンのダンスの動作をイラストで説明したプリントを用意し、各グループに配付する。 ●1グループに1台iPadを配付する。
展開	②3グループに分かれて、活動を行うことを知る。 ●基本的な動きを、ダンスの得意な生徒に踊ってもらい、撮影した動画を「ロイロノート・スクール」でカードにして共有する。 ●課題曲を聴きながら、動作を確認して、どのタイミングでどの動作を入れるのか、どの動作をどこで繰り返すのかをグループで相談し、曲のタイミングにあてはめていく。	●グループで活動する時間の区切りを最初に提示する。 ●iPadを使って、基本的な動きを理解している生徒の様子を撮影し、ロイロノートでカードにして、動きをすぐに提示できるようにする。 ●課題曲を聴きながら、「このタイミングはこれ」という動作、もしくは「どの動作を何回繰り返す」というのをグループで相談できるように、iPadを使用する。
	③課題曲に合わせたダンスの練習をする。 ●実際に、課題曲をかけて、構成したダンスを踊ってみる。 ●曲のテンポやタイミングに合っていない部分を、順を追って相談・修正しながら練習を続ける。	●課題曲をかけて実際に練習し、テンポやタイミングに全員が合わせられるかどうかを、生徒同士で考えられるようにする。
	④3グループ同時に、課題曲に合わせたダンスを披露する。 ●提示された時間になったら、3グループ同時に課題曲に合わせたダンスを披露し合う。	●グループ練習を時間で区切り、お互いの踊っている様子が見られるようにする。

実践を振り返って

　本実践では、ダンスにおける基本的な動作を数パターン用意して、その組み合わせによって一連の動きを構成すること、また、ダンスという題材が、自分一人で行うだけではなく、仲間と一緒に取り組むことで、より綺麗に見えるということを学んだ。

　協力して、全員がまとまって同じダンスに取り組むために、課題曲に合わせてどのタイミングでどの動作を取り入れるか、どの動作をどのタイミングで繰り返すのかを相談して決め、実際に仲間同士で踊ってみることで、課題曲のテンポやリズムからずれないような全員で合わせられる動作を生徒たち同士で考えた。逐次修正して、よりよいものを作ろうという気持ちが高まり、生徒同士が相談する機会が多くなった。

　歌やダンスが好きな生徒が多いので、もう少し時間をかけて練習することができれば、精度の高いダンスを構成できると感じた。

発展・応用に向けて

　ダンスの動作パターンをロイロノートのカードに取り込んだ点が本実践の特徴です。カードにしたことで視覚的に分かりやすく組み合わせることができ、しかも何度も試行錯誤が可能になること、さらにそれを見本として実際のダンスの練習・発表へと展開することが可能になりました。手順を自分たちで考え、実際にその手順を確認しながら練習し取り組む、そのためのツールとしてICTを活用する、というICTを活用したアンプラグドの実践事例と位置付けることができます。本事例のポイントを踏まえると、様々な授業の中でアンプラグドの要素を取り入れるアイデアが生まれてくると思います。

（海老沢）

情報　プログラミングで迷路をクリアしよう

北海道中札内高等養護学校幕別分校　高等部　木戸英博

学習目標
○プログラムの指示通りに絵が動くことを知る。
○与えられた課題を自分で考えて解決することができる。
前進、右折、左折、繰り返しの組み合わせで、目的地までの道順を組み合わせることができる。

　本実践では、「Blockly Games」の「迷路」を使用する。ビジュアルプログラミング言語でプログラミングをすることで、論理的な思考を身に付けることを目指している。

　ディスプレイ上では空間を認識できない生徒のため、補助ツールとして方向を示した人形を用意し、生徒が自分で考えてブロックを組み合わせることができるよう支援した。その結果、簡単な道順の迷路は全員が正しいブロックを組み合わせてクリアすることができた。

　繰り返しのブロックを含む複雑な組み合わせのものを自力で解いたり、模範解答以外の組み合わせを作ろうと工夫したりする生徒もいた。

使用するツール・支援のポイント

【Blockly Games】

　「Blockly Games」は Google 社の提供するプログラミング教育のためのツールである。与えられたプログラミングブロックを組み合わせてクリアするタイプのミニゲームが数種類揃っている。本実践では「Blockly Games」の「迷路」を使用した。プレイヤーは、「まっすぐ進む」「左を向く」などのブロックを組み合わせてキャラクターに指示を出し、ゴールまで導く。

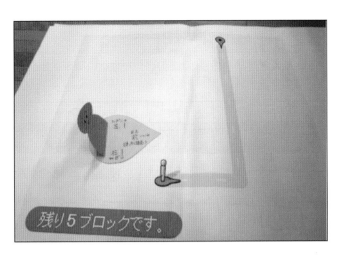

残り5ブロックです。

【補助ツール:地図と方向を示した人形】

　ＰＣ上だけでは理解できない生徒のための補助ツールとして活用した。人形の台座には移動の方向「←左」「↑前（まっすぐすすむ）」「→右」を書き込み、視覚的に分かりやすくした。人形を自分で動かして理解できる生徒には自力で試行錯誤させ、理解が難しい生徒には教員が動かしながら説明した。

生徒の実態

高等部3年生（生活年齢17〜18歳）13名
主障害：知的障害12名、不明1名

授業の流れ

	本時の展開	指導上の留意点
導入	①プログラミングの説明やプログラムの例を見て、プログラミングとは何かについて知る。	●プログラムの例を見せて説明する。
展開	②教員の説明を聞き、「Blockly Games」のWEBサイトを表示する。	●WEBサイトを表示できるように説明し、自分で表示することが難しい生徒は個別に支援する。
展開	③教員の説明を聞き、レベル1の課題のやり方を知る。	●教員が操作するPCの画面を生徒のPCに送信し、やり方を説明する。 ●やり方が分からないなど質問があった場合は、全体に説明したり、個別に支援したりして、全員が理解できるようにする。
展開	④レベル1の課題を行う。	●生徒が自分で考えながら課題を行う。 ●理解が難しい生徒には、補助ツールの使い方を説明し、自分で考えさせたり、教員が説明したりして課題を解決できるようにする。
展開	⑤全員で解答を確認する。	●全体に考え方を説明しながら、模範解答を伝える。 ●模範解答以外の方法がある場合は、生徒から解答を聞き、全体に伝える。

	⑥以下、レベル5の課題まで繰り返す。	●レベル1の課題同様に支援する。
まとめ	⑦本時の振り返りを行う。	●本時を振り返っての感想を生徒に発表させる。

実践を振り返って

本実践では、自分で考えてブロックを組み合わせることを目指したものの、多くの生徒が補助ツールと教員の説明を必要とするだろうと予想していた。しかし、実際の授業では、ほとんどの生徒はＰＣ上で試行錯誤しながらブロックを組み合わせて、独力でゴールにたどり着くことができていた。補助ツールを活用した生徒は3名で、そのうち2名は補助ツールによって動く方向を理解でき、課題を解決することができた。補助ツールを使っても理解が難しかった生徒は、人形の「右」「左」「前」と画面上の「上」「下」「右」の空間認知の混乱が見られた。混乱した生徒が理解できるような指導方法を考えることが今後の課題である。また、事前の予想では、生徒から出てくるのは模範解答と同じ答えだけだと考えていたが、それ以外のゴールの方法を考える生徒がいたことは、今後、型にはめない自由な発想を育む指導に繋がると思われる。

「Blockly Games」は、最初にプログラミングを学ぶ生徒にとって活動内容が分かりやすく有効だが、個別に説明するツールを用意するなどの工夫が必要だと考える。

発展・応用に向けて

ＷＥＢサイト上ですぐに取り組め、自分のペースで進められるツールの利点をうまく活用された事例です。実物の補助ツールを準備された点も生徒の理解を促していたと思います。補助ツールでも理解が難しい場合は、アンプラグドの活動を取り入れてみてもよいかもしれません。また正解が一つではなく、生徒が試行錯誤でいくつかのルートを工夫していた点がとても大切です。どんな解法があるかをチームで考えていくという授業に発展することもできそうです。（海老沢）

<table>
<tr><td>数　学</td><td>自分だけのショートストーリーや
ゲームを作ろう</td></tr>
</table>

大阪府立八尾支援学校　高等部　清水侑也

学習目標

**好きなキャラクターや自分が描いたイラストに動きをつけて、自分だけの
オリジナルの作品を作ろう。**
「繰り返し」や「条件」の仕組みを理解して、自分が想像している動きを、プログラミングブロックを繋げて表現することができる。

　本実践では、生徒自身がキャラクターをどのように動かしたいのかを考え、プログラミングを行い、作品を制作していく。思い通りに動かなかったり、エラーが起きたりしたときには、自ら間違いを探し解決する。この実践を通じて、物事に取り組むときに、あらかじめ見通しを立てる力や、課題や問題に直面したときに、もう一度振り返り、解決することができる力を身に付けることを目指している。

　生徒たちは、試行錯誤をしながら自分が描いたイラストなどを動かしたり、他の人が制作した作品で遊んだり、楽しんで学習する様子が見られた。

使用するツール・支援のポイント

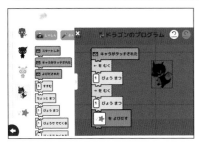

【プログラミングゼミ】

　DeNA が開発したプログラミング教育用ツールで、以下のような特長がある。

・ゲーム感覚でプログラミングを体験できる。

・iPad のカメラを使って自分が描いた絵を取り込んだり、インターネットから取り込んだ画像を動かしたりすることができる。

・「条件」や「繰り返し」など、単元ごとに内容がまとまっている。

・使えるプログラムを細かく設定することができるので、学習していない不要なブロックは非表示にすることができる。

・ほかの人が作った作品を体験したり、プログラムの構造を見たりすることができる。

・タッチタイピングの練習ゲームやレジのバーコード読み取りプログラムなど、ミニゲーム風のプログラムがあらかじめ入っており、他の教科の学習にも利用することができる。

その他、生徒一人に付き1台の iPad、ならびに大型スクリーンを用いた。

生徒の実態

本グループは10名で、軽度の知的障害、自閉症スペクトラム、広汎性発達障害のある生徒である。数学に関する知識、技能が身に付いている生徒がほとんどで、四則演算や簡単な文章問題は解くことができる。また、指示の理解度は高く、言葉での説明を理解することができる。

本来であれば教員2名体制の授業ではあるが、途中で個別対応が必要な生徒が1名出てきたので、単元の後半は生徒9名、教員1名で授業を行った。

指導計画

次・時数	学習活動内容
第1次 （3時間）	プログラミングの基礎と「パズル」でプログラミングを体験してみよう！
第2次 （3時間）	「あつめてみよう」で繰り返しや条件の学習をしよう！
第3次 （3時間・本時）	自分だけの作品をつくろう！

（全9時間）

授業の流れ

	本時の展開	指導上の留意点
展開	①プリントを配り、どのような作品を作りたいのかを書き出していく。 ●プリントの記入事項 （1）どんな作品を作りたいのか（アニメの場面の再現など） （2）登場キャラクター、物、背景など （3）作品を作るためにはどんなプログラムが必要か （4）動きのフローチャート	●本時から、オリジナル作品を制作していくことを説明する。 ●あらかじめ教員が作っていた作品（学習発表会での一部）を見本として見せる。 ●フローチャートが難しい生徒もいるので、その場合は大まかな動きを書かせる。
	② iPad を配る。	
	③必要なイラストを描き、カメラを使って iPad に取り込む。もしくはインターネットから画像を検索し取り込む。できた生徒から自由に制作していく。	●画像の読み込み方は事前に学習しているが、もう一度説明しておく。 ●学習済みのプログラムは一覧にして配付しておく（「プログラミングゼミ」WEBページでダウンロード可能）。 ●作品制作に未学習のプログラムが必要な場合は、教員がプログラムを行うか、生徒によっては自分で扱えるように説明をする。
まとめ	④本時の振り返りを行う。 ●どんな作品にするのかを発表 ●制作に取り掛かっている生徒の途中経過の紹介	

実践を振り返って

　本実践では、プログラミングを使ったゲームを導入に扱ったので、生徒の興味関心を引くことができた。そのため、学習意欲も向上し、生徒の主体的な学習に繋がった。ある生徒は、当初は、分からないところやうまくいかないところがあったとき、あまり考えずすぐに教員に質問することが多かったが、授業を進めていくうちに、自分で考え、ブロックを入れ替えたり、付け加えたりして、思い通りに動作しなかったときに自ら考えることが多くなった。また、理解力が高い生徒は、他の生徒に教える姿も見られた。

　オリジナルストーリーを制作する際は、生徒9名に対し、教員1名体制で授業を行ったため、複数の生徒から質問があるときは、答えるまでに時間がかかるなど、円滑に進めることができなかった場面もあった。可能であれば、プログラミングについて知識のある教員が2名体制で取り組んだ方がよい。アプリ上でのプログラミングだけではなく、ロボットを自分のプログラムで動かせるなどの体験ができるとさらに生徒の活動を促進できると思う。

発展・応用に向けて

　本事例で活用されている「プログラミングゼミ」は、ブロックを組み合わせてキャラクターを動かすタイプのビジュアルプログラミングの中でも、方向を矢印で規定することができるため、知的障害の子供たちには直感的に分かりやすく取り組める面があるかもしれません。「繰り返し」や「条件」の仕組みが作品作りにどう生かされたか、自分だけのオリジナルでどんな作品が生まれたかなども紹介できるとより実践への理解が深まると思います。また、作品の発信や発表の場を用意することで言語活動の充実に繋げることができれば、より広がりのある実践に展開できるでしょう。(海老沢)

情　報	「Scratch」で計算ゲームを作ろう

東紀州くろしお学園おわせ分校　高等部　中廣健治・川村綾璃

学習目標	○変数・乱数などのプログラミングスキルの習得 ○数学での学び（加減算）の定着 乱数や変数、条件分岐の意味とその使い方、および、数式の組み方 【乱数】【変数】【条件分岐】【数式】

数学でマイナスの数の意味と加減法について学習した。

　実践の目的は、乱数で発生させた2個の数値による加減算を出題して、解答に対する正誤を判定するScratchのプロジェクトを作成・生徒間共有し、乱数などのプログラミングスキルを習得することと、作成・プレー双方から数学での学びを定着させることの2点である。

　生徒は、乱数の使い方や式の組み立て方などを学習した後、解答が正解なら音を鳴らす、キャラクターが変化するなどの工夫を凝らした作品にした。

使用するツール・支援のポイント

【Scratch：計算ゲームのプログラム】

　変数と乱数を用いて加減算の問題を生成し、「if」を用いて正誤判定を行う、今回のプログラミングのコアとなる部分のプログラム。

　生徒たちはこのプログラムを基本として、キャラクターや演出について各自で考え、オリジナルな作品を作った。

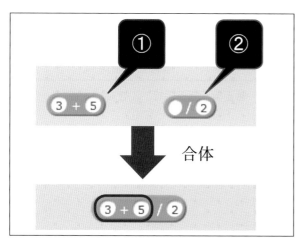

【Scratch：数式】

　教員は、プロジェクターにそれぞれの
ブロックを映しながら、Scratch における
乱数や変数の使い方および数式の作り方
を説明した。

　Scratch における数式の作り方にはコツ
があり、例えば「（3 + 5）／ 2」のよう
に 3 つ以上の数で計算する場合、計算の
順序を間違えないために式を入れ子構造
にする必要がある（左図参照）。

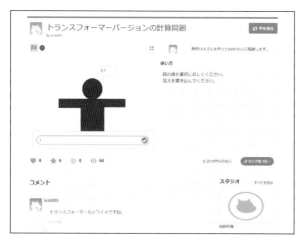

【Scratch コミュニティーサイト】

　左図の例は、他者の作品を参考にして
作ったもので、正解するごとにキャラク
ターがトランスフォーメーション（変身）
していく作品である。Scratch コミュニ
ティーサイトから確認できる（https://
scratch.mit.edu/projects/227680483/）。

　コミュニティーサイトを活用し、他者
の作品を見たり、自分の作品をプレーし
た人のコメントをもらったりすることに
よって、生徒のやる気に繋がり、創意工
夫が生まれた。

生徒の実態

- ・高等部 3 年生 2 名、2 年生 3 名対象。
- ・学習前から、一桁の正の数であれば、全員が加・乗算及び答えが正となる引き算や小数値にならない割
り算ができている。
- ・Scratch のスキルでは、コスチューム（キャラクターの見た目）の変化や直線的に動かす程度のことがで
きる。
- ・生徒一人 1 台のノートパソコンを使い、インターネット接続環境で行った。
- ・実践校は、2017 年度から、同じ地域にある普通科高校の生徒と Scratch 作品を介して交流を行い、
作品の改善やプログラミングスキルを向上させてきた。本実践は、その一環として取り組んだものであ
る。今回も、作品共有後にコメントを得て改善に繋げた。
- ・教員は 2 名体制で実践を行った。

授業の流れ

	本時の展開	指導上の留意点
導入	①数学で学習した内容について確認する。 ●「3−5」はいくつですか？	●正解できる生徒、できない生徒がいるが、正誤にこだわらない。
展開	②ＰＣを起動するよう指示して、本時の目標を伝える。 ●それぞれで、計算の練習ができる作品を作りましょう。 ●キャラクターや演出、効果は、それぞれで工夫してください。	
展開	③作成に必要な知識（乱数・変数・式・if 文）の説明を行う。	●プロジェクターにそれぞれのブロックを映し、その用い方、組み立て方を説明しながら、組み立ててみせる。
展開	④作成 ●説明したことを使って、みんなが楽しく計算練習できる作品を作ってください。	●アニメーションのキャラクターや動きをどのようにするか迷っている生徒には、ひとまずデフォルトの「スクラッチキャット」を使い作成し、その後に改良していけばよいことを伝える。
まとめ	⑤共有 ●できた人は、共有してください。まだの人は、共有された作品からアイデアをもらうことも OK ですよ。 ●コメントできる人はコメントもしてあげてください。	●教員も完成した作品をプレーしてみて、助言を行う。

実践を振り返って

　プログラミングに手を焼く生徒もいたが、早くできた生徒の作品を参考にして、それぞれが最後までやり遂げた。他者にプレーしてもらうことやコメントが返ってくることを全員が意識できていたので、取り組み方も熱心だった。

　また、乱数や変数、条件分岐の意味を理解しただけでなく、作成段階で自らも解答していく必要があったことや、他者の作品をプレーしたことによって、加減算についても理解が深まったようである。

発展・応用に向けて

　Scratch の操作自体に慣れ、かなり使いこなしている事例です。Scratch のコミュニティーサイトを活用し、作成したプログラムを共有してコメントをもらったり、友達の作品をやってみてコメントを入力したりという展開も、情報活用能力の育成を幅広く考える上でとても参考になります。またデジタル作品を普通科高校と共有し、やりとりを通して作品の改善やスキルの向上に役立てているという点も、目指す方向性として参考になるのではないでしょうか。今後はこうしたネット上のコミュニティー等を通して学校外の世界と繋がっていくこと、様々な人とチームになり同じ目標やテーマに取り組むことが、プログラミングの実践の一つの可能性として考えられると思います。（**海老沢**）

数　学　プログラムで正方形を描いてみよう

北海道美深高等養護学校　高等部　加藤章芳

学習目標

「Scratch」のキャラクター「スクラッチキャット」を動かして、図形（特に正方形や直角二等辺三角形）を描く。

「Scratch」を使い、動かしたい方向へ「歩数」、「角度」の動作を組み合わせ、一回のクリックで正方形や直角三角形を描くことができる。

　本実践は、「Scratch」上でキャラクターを動かし、正方形や直角二等辺三角形などの指定された図形を描くことを目標としている。キャラクターに一つの図形を描かせるためには、「角度」「方向」「長さ」等を具体的に指定する必要がある。このことを通して、他人と協働作業をする場合の指示の仕方などを学び、コミュニケーションの力を高めることができた。また、自分が想像した動きと実際の動きが違ったときに、自分の作ったプログラムを見直して考え直すことができた。

使用するツール・支援のポイント

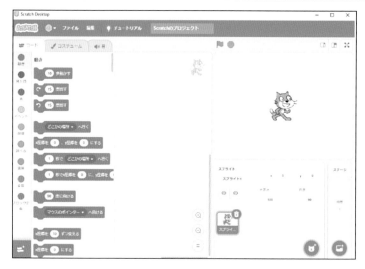

【Scratch】

　本実践では、プログラミング教育用ツールとして「Scratch」を使用した。

　ブロックを組み合わせてプログラミングを行うので、比較的取り組みやすい。また、登場するキャラクター（スクラッチキャット）が生徒たちにとって親しみやすい。試しにプログラムを組んで、実際にキャラクターがどう動くのかを確認しながら修正箇所を考えることも可能である。

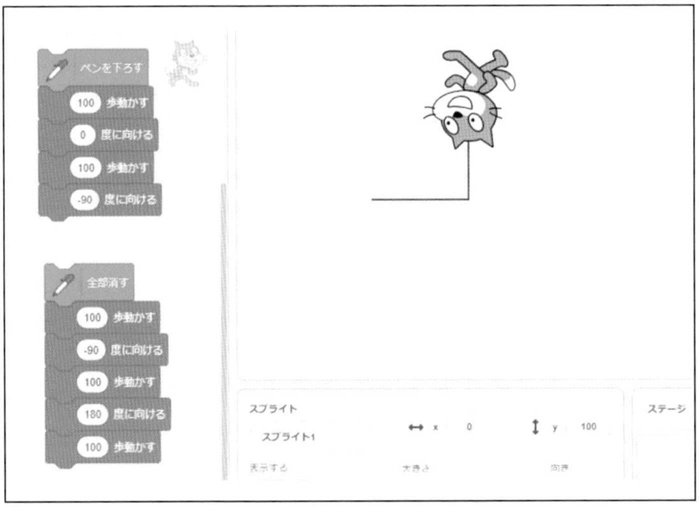

【正方形の作図】

　正方形は「全ての辺の長さ」「全ての角の角度」が等しい図形である。このため、「100歩動かす」（＝100歩分の長さの辺を描く）と「右に90度回転させる」（＝次の辺を描くために90度方向を変える）の組み合わせを4回繰り返すことによって正方形が描ける。図形の特徴を知ると同時に、「繰り返し」を使ったプログラミングについても学ぶことができた。

指導計画

次・時数	学習活動内容
第1次 （1時間）	三角形と四角形の特徴を知る ・三角形と四角形の定義を知る
第2次 （1時間）	プログラムを使って正方形を作図しよう 〜Scratchで作図を体験〜
第3次 （1時間・本時）	プログラムを使って正方形を作図しよう 〜Scratchでより簡単にプログラムができる方法を考えよう〜
第4次 （1時間）	正三角形、直角三角形をプログラミングを使って作図しよう 〜外角と内角、三平方の定理を使ったプログラミング体験〜

（全4時間）

授業の流れ

	本時の展開	指導上の留意点
導入	①前時の復習として Scratch の操作の仕方を振り返る。 ● Scratch の起動 ●ブロックの並べ方 ●線の引き方 ●線の消し方 ●角度の付け方　など	●プロジェクターを使い、指導者のＰＣ画面を映し出しながら、Scratch の起動の仕方、ブロックの取り扱い方を振り返る。 ●提示されている指導者のＰＣ画面を、生徒のものとできるだけ同じような環境にして行う。
展開	②正方形の描き方をプログラムする。 ●正方形を描くための一連のブロックの並べ方 「ペンを下ろす」 「100 歩動かす」 「右に 90 度回転させる」 「100 歩動かす」 「右に 90 度回転させる」 「100 歩動かす」 「右に 90 度回転させる」 「100 歩動かす」 →「ここまで出来たら、開始のボタンを押して、正方形を書くことができるか、動作をさせてみてください」 ●繰り返しの使い方 「今、並べたプログラムから、繰り返しになっている数字や行動を探しましょう」 「何回同じ作業が行われたでしょうか?」 「今度は、繰り返しのブロックを使って、キャラクターに1回のクリックで正方形を書いてもらえるようにプログラムを作りましょう」	●ブロックを一つ並べるごとに、動作をさせてみるように指示し、全員が同じ動作を行えているか確認しながら工程を進める。 ●画面上だけで取り組みにくい生徒には、実際に自らが動きながら考えてもよいことを伝える。 ●途中で見通しをもつことができた生徒には、先へ進んでもよいことを伝え、出来上がった段階で教員へ報告してもらうようにする。出来上がったプログラムについて、教員と一緒に確認し、間違いがあった場合はどこに間違いがあるのかを生徒と一緒に確認しながら進める。

実践を振り返って

　本実践では、図形という単元の中でも、特に正三角形や正方形という特殊な図形を扱い、論理的な思考力の育成を目指した。

　従来の図形の指導には、方眼紙や定規、分度器が必要で、特に目盛を読むことやまっすぐな線を引くことに困難を感じていた。また、本校に在学する生徒たちは成功体験が少ない生徒が多いため、失敗を恐れるあまりに、正確な図形を書くことに集中して、作業が進まない

という状況もあった。

　デジタルでの指導は、紙面上での指導と違い、何度も挑戦することができる。またプログラミング教材を活用することで、生徒がどの段階で間違って、目的とするところまで到達できないのかを、教員側が把握しやすくなることが分かった。

　今回は正方形、正三角形という条件のもとで行ったが、具体的な操作方法が分かれば、作業に見通しをもつことができる生徒も現れ、自分で工夫して他の図形の学習に取り組むところまで発展させられることが分かった。

　目的とする図形を画面に出力できたことで、達成感を得る生徒が現れたり、従来の授業では発言が少なく、当てられてもなかなか解答を出せなかった生徒が、積極的に教員に質問したりするようになるなど、生徒の自己肯定感やコミュニケーション力の向上にも繋がると感じられた。

発展・応用に向けて

　本事例は、作図の学習にプログラミングを活用することで、手書きだと難しい複雑な図形でもプログラミングだと作成が可能になるといった応用・発展的な学習に展開できる点が特徴です。画面上ならではの利点が生徒にも体感できたのではないでしょうか。Scratch に試行錯誤で取り組みながら、コンピュータの特性を理解し、それぞれの生徒のアイデアや工夫を生かした図形の作成へと授業が展開できそうです。(**海老沢**)

数　学	多角形の外角の和

東紀州くろしお学園おわせ分校　高等部　中廣健治

> **学習目標**
> 多角形における外角の和の公式を、「Scratch」のシミュレーションを使って帰納法で考える。
> ・正多角形における外角の和の性質を知るためのプログラミングによるシミュレーション方法の理解

　本実践では、「多角形の外角の和は必ず360度になる」ことを理解するため、「Scratch」の「ペンによる描画」を利用したプログラムを作成して利用する。

　まず、生徒が、「Scratch」上で、図形の外角にあたる正しい角度を指定すれば正多角形が描けるようなプログラムを作成する（例えば「120度」と指定すれば正三角形が描ける）。生徒は、教員が指定した正多角形を描くべく、求められる外角を予想して数字を当てはめ、プログラムを動かして、誤っていれば修正するという試行錯誤を繰り返した。指示された正多角形の外角が分かった生徒からの報告を共有することで、様々な正多角形の外角を帰納的に推測し、「必ず360度になる」ことが理解できるようにした。

使用するツール・支援のポイント

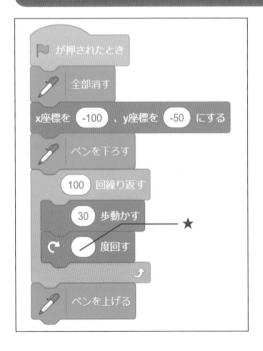

【Scratch：描画プログラム】

　今回のプログラミングの中身が左図である。一人で組むのが難しい生徒たちに向け、プロジェクターを用いて、必要なスクリプトをスクリーンに映して、組み立てていく工程を説明しながら提示した。このプログラミングを行った後、★の箇所に生徒それぞれが、予想した角度を打ち込み描画を試していく。

※左図中「30歩動かす」は、図形の辺の長さに該当する。30歩程度が、図を画面内に収めるのに適した数字である。これよりも大きい数字だと画面からはみ出して考察が困難になる。

※100回繰り返すのは、正しい角度からわずかにずれた値を入力した場合でも正誤を正確に判定

するためである。

※対象生徒たちには、教員側からこれらの数字を指定した。

【Scratch コミュニティーサイト】

Scratch 作品をインターネット上で公開・共有し、コメントのやりとりなどができる。利用にはＩＤ登録が必要（閲覧のみはＩＤがなくても可）。

今回は、あらかじめ、教員及び対象生徒それぞれについて教員用・生徒用ＩＤを申請して取得している。ＩＤ取得に際しては、管理職及び各生徒からの了承を得た。生徒ＩＤは、個人が特定できないようそれぞれ数字を割り振ったものを用いた。

※教員用ＩＤは、申請からＩＤ取得まで最大 24 時間ほど時間がかかる。

※公開・共有した作品は Scratch コミュニティ全体からアクセス可能であるため、個人情報などの取り扱いには注意する。

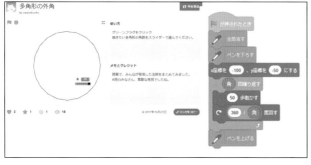

https://scratch.mit.edu/projects/182515791/

【さらに高度なプログラミング例】

多角形の外角の和が必ず 360 度であることを利用した、さらに高度なプログラミング例を教員が用意し、授業のまとめに紹介した。スライダーを使って描きたい多角形を指定すると描画してくれるプログラムである。

生徒の実態

・ICTプロフィシエンシー検定などの学習に学校で取り組み合格している（3級2名、準2級1名、2級1名）。

・生徒一人につき1台のノートパソコンを使い、インターネット接続環境で行った。

・アシスタント教員が1名ついた。

指導計画

次・時数	学習活動内容
第1次	角度・辺とは何か？　正多角形とは何か？　（講義形式）
第2次 （本時）	Scratchで正多角形の外角の和について調べよう
第3次	正多角形の内角の和　（講義形式）

授業の流れ

		本時の展開	指導上の留意点
導入		①正多角形の定義を確認する。 　正五角形をホワイトボードに描き発問する。 ●これは何角形ですか？ 　内角・辺の長さが異なる五角形を描き発問する。 ●これは何角形ですか？ ●先の五角形とどこが違いますか？	●PCを開いていていると、集中できない生徒もいるため、机上にあるノートPCを閉じるよう指示する。 ●それぞれの発問にすぐ回答してくると予想されるが、困っているようならヒントを出す。
展開		② Scratch を開き、描画の基本を確認する。 ●「ペンを下ろす」「30歩動く」「（時計回りに）30度回す」「30歩動く」の4つのスクリプトを組み描画させる。 ●今回の場合、「回す」の角度が図形の外角であることを説明する。	●アシスタント教員とともに机間巡視して、プログラミングができているか確認する。
		③正三角形を描く。 ●正三角形を描くには、何回、回ればいいですか？（＝角はいくつありますか？） ●辺は何回、描けばいいですか？ ●回す際は、外角なので120度にしてみてください。	
		④正多角形を描くプログラムの作成。 ●「繰り返す」を使って、いろいろな正多角形を描けるようにしてみましょう。繰り返しの回数は100回にします。また、辺の長さは「30歩動かす」にします。 ●分からない人は、前のスクリーンを見てください。	

順に組んでいくので、まねしてください。	●最も遅い生徒に合わせ、提示していく。

展開

⑤正多角形の外角の和を知る。

●ホワイトボードに書いた多角形をどれでもいいから描いてみてください。描けた人は、その時の角度を報告してください。

●また、うまくいかなくても、きれいだと思った角度は、スクリプトを複製して記録しておいてください。

●表を見てごらん。なにか決まりがありそうだよ。

●他の多角形に取り組み、自分の考えを確認しながら、気付いた生徒が随時、自分の意見を発表する。

●報告された角度をホワイトボードの表に書き込んでいく。3つほど出たところで、いずれも和が360°であることに気付けるよう声をかける。

●発表内容が正解でない場合は、それによって描けない例を伝える。

●振動モータなどの例を引き合いに出し、ずれて描かれたものが、アートになることを伝え、正解にこだわらないようにする。

板書イメージ

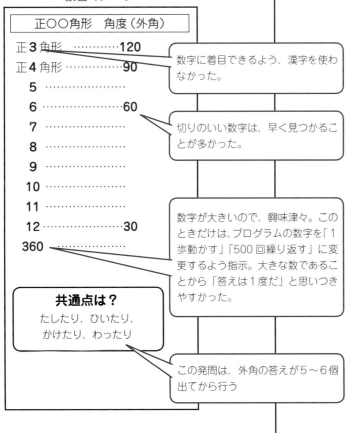

正〇〇角形　角度（外角）

正3角形 …………120
正4角形 …………90
　　5 ………………
　　6 ………………60
　　7 ………………
　　8 ………………
　　9 ………………
　10 ………………
　11 ………………
　12 …………30
360 ………………

数字に着目できるよう、漢字を使わなかった。

切りのいい数字は、早く見つかることが多かった。

数字が大きいので、興味津々。このときだけは、プログラムの数字を「1歩動かす」「500回繰り返す」に変更するよう指示。大きな数であることから「答えは1度だ」と思いつきやすかった。

共通点は？
たしたり、ひいたり、
かけたり、わったり

この発問は、外角の答えが5〜6個出てから行う

まとめ

⑥本時のまとめを行う。

実践を振り返って

外角の部分に間違った数字を指定すると不思議な模様になることがある。この模様に名前を付けたり、ペンの色をレインボーカラーに変化させたりして、生徒がアート作品にした。正解を求めるだけでなく、試行錯誤を楽しんでいたことが、最も印象に残った。生徒たちからも、楽しかった旨のコメントが得られた。

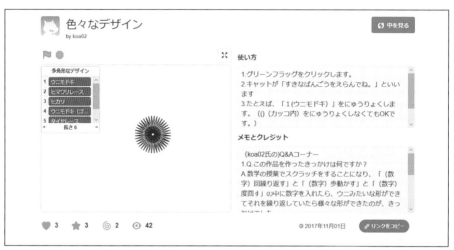

生徒作品例

https://scratch.mit.edu/projects/183422588/

https://scratch.mit.edu/studios/4234090/

発展・応用に向けて

Scratchにより正多角形の作図をしたり性質を調べたりする学習は、小学校5年生の算数の単元として代表的な事例です。この単元でブロックによるプログラミングにステップを踏んで取り組むには、プログル（https://proguru.jp）（開発元：特定非営利活動法人みんなのコード）を活用するとより分かりやすいです。また、コンピュータを活用することによって、手書きでは難しい多角形の作図が可能になることも体験できるとよいと思います。本実践では、外角に様々な数値を入力することでいろいろな図形の描けることを生徒たちが発見したことがとても印象的です。Scratchのいろいろな機能を活用して、自分で工夫した作品づくりに発展できるきっかけになるのではないでしょうか。（**海老沢**）

情報　「Scratch Jr」による プログラミング学習

大阪府立高槻支援学校　中学部（旧所属：大阪教育大学附属特別支援学校 高等部）　吉村晋治

学習目標

○ブロック（キャラクターに出す指示）を組み合わせ、キャラクターを意図通りに動かすことができる。

○友達の発表を聞き、自分のプログラムに組み入れることができる。

・「失敗はない。間違えたらすぐ修正すればよい」という授業に対する前向きな姿勢。
・「ブロックをこう組み合わせると、キャラクターはこう動くのか」という論理的思考。
・「ブロックをこう組み合わせたらどうなるのだろう」という探究心。
・「自分だったらこう動かそう。音を出そう。色を変えよう」という創造力。
・「何が間違えているのかな。どう修正すれば動くのだろう」という問題解決力。

　プログラミングアプリ「Scratch Jr」を使った、プログラミングの基礎学習と反復学習。教員よりその都度、命題（例えば「ロケットを飛ばし月を回って無事着陸させる」など）を提示し、各生徒が個人で取り組む。初期段階はモデルとなるプログラミングを提示することで、ブロックの組み合わせ方とキャラクターの動きがどう連動しているのかを理解する。実践を重ねることで新しいブロックの組み合わせ方などのアイデアが出てくる。主体的・対話的で深い学びに繋がるよう、電子黒板を使い、作成したプログラミングの説明や発表を行う。友達の発表を聞き、よいところを取り入れたり、応用して自分のプログラムを修正したりする。

使用するツール・支援のポイント

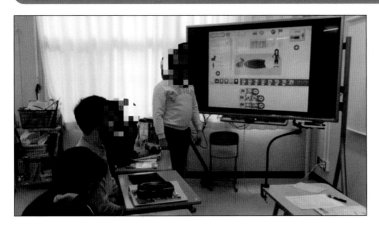

【準備物】
・教室内無線 Wi-Fi 環境
・AppleTV によって、ワイヤレスで電子黒板に iPad 画面を映し出せる環境
・電子黒板（もしくは大型モニター）
・生徒一人に付き1台の iPad（「Scratch Jr」をインストール済）

【Scratch Jr】

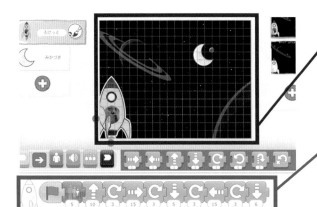

> キャラクターの動き（右にいくつ動いたかなど）が見やすいように補助線モードを使う。

> キャラクターの動きを決めるブロック。この組み合わせ（プログラム）により、キャラクターの動きが決まる。

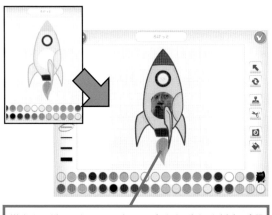

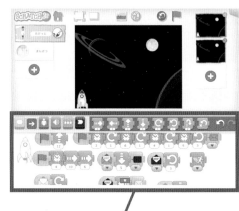

> 様々な種類のキャラクターの中から動かす対象が選べ、さらに色や画像を挿入するなどカスタマイズが可能。

> 数回の授業で、いくつものプログラムを組み合わせ、想像力豊かな作品を作り出す生徒もいる。まさに、「好きこそものの上手なれ！」

【支援のポイント】

・AppleTV を用いることで、教員の iPad 画面をワイヤレスで電子黒板に映せるため、教員の iPad を教室内のどこにでも移動できる。理解が難しい生徒の手元に置くことも可能になる。

・iOS 端末に備わる AirDrop を用いて生徒の作成したデータを教員の iPad に送ることができる。また教員の iPad にある課題も AirDrop を用いて生徒に一斉に送信できる。

・このような環境設定をすることで、教員が口頭による一斉指示を行う際も、より視覚化された指示に変換でき、生徒の理解を促すことができる。

・生徒が自身の作ったプログラミングを発表したり、友達の発表に意見したりする際、より具体的に指摘でき、全体で共有しやすくなる。

生徒の実態

高等部　男子7名・女子1名　計8名（新版S‐M社会生活能力検査5：01〜13：0以上）

・国語は概ね、小学校中学年〜中学校1年生の課題が理解できている。

・数学は小学校低学年〜中学校1年生の課題が理解できている。

・得意不得意があり、理解が難しい単元も多い。

・口頭による全体指示の理解が難しい生徒もいるが、電子黒板を使い視覚的な指示を多く取り入れることで、教員の指示はほぼ理解できている。

・友達の発表を聞き、よいところや間違っているところについて意見することができる。

指導計画

次・時数	学習活動内容
第1次	**命題①「ロケットを飛ばし月を回って無事着陸させる」** 教員がモデルとなるプログラミングを提示し、プログラミングの基礎を理解する。 　①教員のモデルを参考にロケットを動かす。 　②提示されたモデルプログラミングの間違いに気付き、正しく組み直す。
第2次 （本時）	**命題①「ロケットを飛ばし月を回って無事着陸させる」** 色を変えたり自身の顔画像を取り込んだりして、オリジナルのロケットを作成し、スピードをよりなめらかに調整するなどプログラミングを修正・改良する。 　①うまくできたプログラミングを発表し合い、友達のアイデアを取り入れることで自身のプログラミングを充実させていく。 　②自身のプログラミングの間違いに気付き、正しく組み直す。
第3次	**命題②「ロケットを飛ばしエイリアンにぶつからないよう月を回って無事着陸させる」** 命題に新しい課題を加え、それに応じてプログラミングを作成する。 　①うまくできたプログラミングを発表し合い、友達のアイデアを取り入れることで自身のプログラミングを充実させていく。 　②自身のプログラミングの間違いに気付き、正しく組み直す。
第4次	**命題③「ボールをドリブルしてバスケットゴールにシュートし、喜びを表現する」** 個々の感性を表現しやすい命題を出し、より複雑なプログラミングを作成する。 　①音や音楽、自身の発声音源の取り込みや、顔画像の取り込み、連続するブロックや繰り返しブロックを用いた複雑なプログラミングを作成する。 　②自身のプログラミングの間違いに気付き、正しく組み直す。
第5次	**命題④「自分物語」作成** 背景を5種類から選び、その背景に即したキャラクターを自身で作り、自分の物語のプログラミングを完成する。 　①自身のプログラミングで苦労した点、工夫した点を中心に発表する。 　②友達の発表を参考にして自身のプログラミングに組み込み、「自分物語」を作成する。

授業の流れ

	本時の展開	指導上の留意点
導入	①前時の復習から、基本的な動きとブロックの組み方を理解する。	●補助線モードのマス目を参考に、上下左右回転等のブロックを組み合わせ、命題通りに動かしてみる。
展開	②ロケットが直角に曲がるといった不自然な動きを、斜めに動かしたりなめらかに動かしたりするにはどうしたらよいのか考える。	●右と上のブロックを組み合わせることで斜め右上にキャラクターが動くことを生徒自らが発見するよう、ヒントを出していく。発見した生徒のiPadの画面を即座に電子黒板に映し出し、プログラムの組み方を全員で共有する。
	③スピードの変化をつけてみる。	●ブロックには方向などの動きだけでなく、スピードや繰り返しといった機能をもつものがあることを生徒自らが発見するよう、ヒントを出していく。発見した生徒のiPadの画面を即座に電子黒板に映し出し、プログラムの組み方を全員で共有する。
	④ロケットの色を変えたり、自身の顔画像を取り込んだりしてオリジナリティを出す。	●キャラクターそのものを、自身の感性や好みでカスタマイズし、"自分自身がつくるプログラミング"を意識するよう促す。
	⑤自身のプログラミングを発表する。	●どのように考え、ブロックをどう組み合わせたかを、自分以外の友達に理解できるように説明するよう促す。
	⑥発表に対し、よかった点や改良点などを意見する。	●発表を聞き、よかった点を中心に肯定的に友達の説明を聞く態度を育てる。「さらに〇〇したらどうか」といった言い方で、双方がレベルアップできるよう、教員はヒントを出す。
まとめ	⑦友達の発表内容を参考に、よい点を自身のプログラミングに取り入れる。	●自分自身のプログラミングに、友達の作品のよい点を取り入れるよう促し、最初から最後までキャラクターが命題通りに動くかどうかを確かめる。

実践を振り返って

　プログラミングという言葉が持つ意味を、その意図を、その本質を、教員が知ることがまずは大切。「大変だ」「専門的な知識が必要だ」ではなく、生徒の前向きな姿勢、論理的思考、探究心、想像力、課題解決力を伸ばすために、どのプログラミング教材がよいのか、考える必要がある。障害があるからこの課題の理解は難しいだろうと当初は思っていたが、それは全く違っていた。授業の度に「えっ、もう終わりなん⁉」「宿題でやらせて！　お願い先生‼」などといった声が生徒の方から次々と上がる。

　ある程度の発達段階、理解力が必要ではあるが、友達同士で対話しながら深い学びを繰り返すことで、できる内容がどの生徒にも増えてくる。一人の生徒の悩みに他の生徒が答えようと、プログラムを組み直し、うまくいかないからさらに他の生徒が参加してくる、といった場面も見られた。新学習指導要領にある、主体的・対話的で深い学びの実践としても、プログラミング学習は非常に有効であると考える。

　タブレット上だけでなく、自分たちで組み上げたプログラムでロボットやドローンなどを動かせるという実感を持てると、一段と教育内容が深まると思う。

発展・応用に向けて

　「ロケットを無事着陸させる」「バスケットゴールにシュートし、喜びを表現する」といった分かりやすい命題を解くことで、ブロックの組み合わせやキャラクターの動かし方を体験的に理解できるよう工夫された事例です。補助線モードを活用することでキャラクターの動きが見えやすいようにしたところも工夫点です。第５次のオリジナル作品の制作をさらに発展させて共同制作に繋げたり、作品を発信する場を用意したりできると、生徒たちの意欲と可能性をさらに広げられるのではないかと思います。(海老沢)

美　術	# 遊びのデザイン

沖縄県立八重山特別支援学校　高等部　戸ヶ瀬哲平

学習目標

「遊び」をセンサーなどを用いて捉え直し、デザインする。

・センサーなどからの入力によって、コンピュータの出力をコントロールできることを理解する。

　本実践では、「micro:bit」と照度センサーを用いて「暗いところで音が鳴る」装置を作り、これを身体に取り付けてかくれんぼを楽しむ中で、「遊び」を通じてセンサーの働きを体感しながら理解することを目指している。

　暗くなったら音が鳴るというプログラムを理解できたのは３分の１程度の人数ではあったが、プログラムを自分で書くことが難しい生徒でも、センサーの働きをイメージした遊びを考案することができた。

使用するツール・支援のポイント

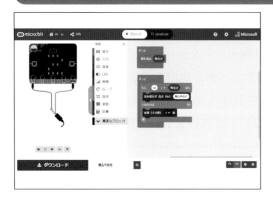

【micro:bit】

・あらかじめ照度センサーがついている。

・小さく軽量のため、micro:bitを使って作った装置を身体に装着して遊ぶことが可能である（電池ボックスなど、電源を供給するものは別途必要）。

・普段から生徒たちが使っているiPadを使って、ＷＥＢブラウザからプログラミングが行える。また、ブロックを積み上げるビジュアルプログラミング形式でプログラミングができるので、比較的容易に取り組める。

生徒の実態

・軽度から中度の知的障害のある生徒で構成される学習グループ。iPadでmicro:bitのアプリの操作が行える。簡単なプログラムは全ての生徒が行える。条件分岐などを用いたものは半数程度の生徒が理解できる。

・生徒数７名の複式学級。美術担当教諭１名での授業を行っている。個人用iPadを一人１台持ち授業を行っている。

指導計画

次・時数	学習活動内容
第1次 （3時間）	「micro:bit」の基本操作
第2次 （1時間・本時）	「micro:bit」を使ってかくれんぼをしよう

（全4時間）

授業の流れ

	本時の展開	指導上の留意点
導入	①生徒の個人タブレットで micro:bit のアプリを開き、タブレットと micro:bit をペアリングする。	◉複数人が同時に接続を試みると失敗することがあるため、接続は一人ずつ行う。 ◉ペアリングの設定画面は英語表記のため、教示用のモニターで位置を指示しながら行う。
展開	②LEDを光らせたり音を鳴らしたりするプログラムを思い出し、micro:bit に書き込む。	◉前回までの学習内容を復習しながら進める。
	③照度センサーを使って「明るいところで音が鳴る」プログラミングを行う。 ●手で覆うなどして、明るさに反応して音が鳴っていることを理解する。 ●うまくいかない場合はプログラムの数値を書き変えながら調整を行う。	◉条件分岐（if 構文）などが出てくるので、モニター上でサンプルプログラムを解説しながら作っていく。不等号やセンサーなどは未学習の場合もあるため、同じプログラムを一緒に作る。
	●「明るいところで音が鳴る」ようプログラムした micro:bit をみんなで頭頂部に装着して遊ぶ。 	◉恥ずかしがっていた生徒も、みんなで着ければ一緒に楽しめる。

展開	④ micro:bit を着けてかくれんぼを行う。 ●「暗いところで音が鳴る」という条件でプログラミングを行い、どんな場所に隠れればよいか皆で考え共有する。 ●頭頂部に micro:bit を着けた状態でかくれんぼを開始する。	●勝敗よりも「遊び」を楽しめるよう、教員がオニをやりながら、柔軟なルールでかくれんぼを行う。 
まとめ	⑤ micro:bit と様々なセンサーを使って、どんな遊びができるか考える。 ●かくれんぼで使った「暗いところで音が鳴る」というプログラムを確認する。 ●どのような入力と出力をプログラムすれば遊びができるのかを考える。 ●「近付いたら音が鳴るプログラムはどうか」「傾いたら音が鳴るプログラムはどうか」というアイデアが生まれた。	● micro:bit でどのような「入力」と「出力」ができるのかを再確認する。 ●遊びにセンサーなどを組み入れてどのようなことができるか、対話の中からアイデアを膨らませていく。

実践を振り返って

　本実践では、プログラミングをする、micro:bit にダウンロードする、外部機器に接続するなどの工程を自ら行うことで、どのようにすればコンピュータにプログラミングができるのかについて知ることができた。また、センサーの働きを体感することで、身体的に理解を深めることができた。かくれんぼが一通り終わったときには、どのようなセンサーを使ったらどんな遊びができるのか、発想できるようになっていた。

　本実践で重要視したのは、コーディングができるようになることではなく、コンピュータを使ってできることをイメージして、発想できるようになることである。知的に障害のある生徒にとって、英語や数学的な知識を活用したコーディングは、ブロックを積み上げる形式のビジュアルプログラミングを使ったとしても難しい操作である。しかし、美術という観点から考えると、コンピュータを使ってこんなことがしたいという発想が持てることは表現の幅を広げることに繋がる。「こんなときは絵の具を使おう（水彩にするのか、油絵にするのか）」「写真を使おう」「木を彫ってみよう」など、表現方法には様々な選択肢があるが、その一つとして「コンピュータプログラミング」を使うという発想ができることが重要であると考える。

発展・応用に向けて

　美術の授業で遊びをどのようにデザインするか、そのためのツールとして micro:bit をどう工夫して活用するかを生徒自身が考え実践した事例です。コンピュータやプログラミングも表現の選択肢の一つとして考える視点は、創造性を広げる上でとても大切です。コンピュータの特性や仕組みを知り、どんな表現ができるのか考える、それを実際に身体を使って体験してみる、という本実践はプログラミングの学びを考える上でとても示唆に富んでいます。様々な教科や活動の中にプログラミングの学びを取り入れるアイデアを考えていくことは、児童生徒の情報活用能力を豊かに育成することに繋がると考えます。

（海老沢）

※生徒の写真の掲載については、本人と保護者の了解を得ています。

特別活動

「micro:bit」で「きらきら イルミネーション」をつくろう！

東京都立光明学園　高等部（肢体不自由教育部門　情報教育コーディネーター）　禿嘉人

学習目標

○新しい表現手段であるプログラミングに親しむ。
○目的に応じた表現方法を用いて、イルミネーションを作成する。
○制作物の工夫や意図について発表する。

・ブロックを組み合わせることによってプログラムを作成し、自分の思い通りに動作をさせる。
・自分の思い通りの動作でなかった場合は、どこがよくなかったのか考え、自分の思い通りになるまで修正を重ねる。
・プログラミングによって、順次処理、反復処理ができることを体験する。

　フィジカルタイプのプログラミングツール「micro:bit」を用いて、教室に来た人を楽しませることを目的にイルミネーションを作成した。また、一人一人が制作したイルミネーションを一つのツリーに飾ることで、グループ作品として展示した。

　micro:bit はボード上に、インターフェイス（micro:bit とＰＣを接続するマイクロＵＳＢ端子）やＬＥＤディスプレイなどがあらかじめ搭載されており、組み立ての必要がなく気軽に扱える。その上、比較的安価であることから、生徒一人に１台を用いて学習を進めることが可能であった。生徒の実態や理解は多様であったが、micro:bit の可能性を活かし、個々の課題に対応することができた。

　自分の意図したことを情報機器で表現するためには、動作の手順を考え、それに対応したプログラムを作り、意図したとおりに動かなければ問題点を見つけて修正する、というプロセスを経る必要がある。こうした試行錯誤を重ねることで、論理的思考力や問題解決能力を育てる効果が期待できる。

使用するツール・支援のポイント

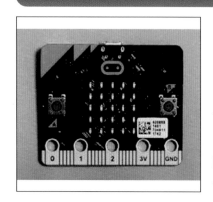

【micro:bit】

　プリント基板に、動作をプログラミングできる25個のＬＥＤと２個の物理ボタンスイッチ、加速度センサーと磁力センサー、無線通信機能を搭載しているマイコンボード（基板上にマイクロコンピュータと入出力回路を搭載したもの）。プログラミングは、マイクロＵＳＢでＰＣと接続し、ＷＥＢブラウザ上の「MakeCode エディター」から行う。小型、軽量で持ち運びやすく、本実践では容易に装飾に用いることができた。

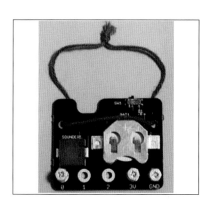

【micro:bit 電源ボード】

　micro:bit の別売アクセサリーで、ボタン電池が搭載できる電源基板である。micro:bit 本体に直接ネジで固定して電源を供給できるため、micro:bit を展示する際に便利である。穴にひもを通せるので、micro:bit を飾る上でも都合がよかった。

　この他にも micro:bit には、機能を拡張するための様々な別売アクセサリーが用意されている。

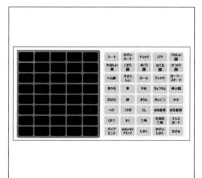

【ドット絵見本】

　LEDを光らせてドット絵を描く際に、ドットでのイラスト表現をイメージしにくい生徒のために、イラスト見本の紙資料を用意した。また、さらに進んだ内容を学習したい生徒のために、キーボード操作で文字を表示する方法を記載した資料も配付した。

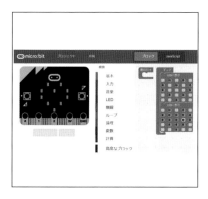

【MakeCode エディター】

　プログラミング言語環境である「MakeCode エディター」は、日本語で表現されたブロックを組み合わせてプログラムが可能なビジュアルプログラミングである。キーボードから直接文字を入力する作業が少ないため、キーボード操作に時間がかかる生徒でも取り組みやすい。また、アルファベットや数式に抵抗感のある場合であっても、命令文や関数などを覚える必要がないため、生徒にとって負担が少ない。

　MakeCode エディターは、WEB上で使え、制作物を生徒用端末や学校のファイル・サーバーに保存することができる。日常的に活用している端末で制作を始められるので、生徒は改めて特別な操作を覚える必要がなく、指導する側もトラブルに対応しやすい。

　なお、micro:bit はプログラムの書き込みにあたり、USBメモリ等と同じ扱いになるため、学校のPC環境によっては制限がかかる場合があることに注意が必要である。

【Hour of Code：ジグソーパズル】

　ＰＣの操作に慣れていない生徒のために、「Hour of Code：ジグソーパズル」を用いてマウス操作の練習を行った。楽しみながらＰＣ操作を身に付けることができ、クリック、ドラッグ・アンド・ドロップ、ダブルクリックなどの用語を用いての一斉指導が可能になった。

生徒の実態

・肢体不自由特別支援学校高等部の、知的障害を併せ有する教育課程に在籍する８名を対象とした。

・ひらがな、カタカナの読字が可能であるが、漢字についてはふりがなが必要である。

・一部の生徒は、アルファベットを使ってごく簡単な英単語の入力ができる。

・ワープロ検定３級の資格をもつ生徒もいるが、多くはパソコンを利用することが少ない。日常的にタブレット端末を使っているが、パソコンには本授業で初めて触れたという生徒もいる。また、プログラミング学習については、全員がこの授業で初めて体験した。

・通常は小集団での授業が中心で、友達同士で課題をやり遂げようとする意識が強い。

指導計画

次・時数	学習活動内容
第1次 （1時間）	**ＰＣの操作に慣れる** 　ＰＣに全く触れたことがない生徒もいたため、「Hour of Code　ジグソーパズル」を用いて、マウスの使い方を楽しみながら習得する。 **ドット絵をデザインし、micro:bit のＬＥＤディスプレイを光らせる** 　ブロック・プログラミングを体験し、micro:bit へのプログラムの書き込み方を学ぶ。
第2次 （1時間・本時）	**アイコンや文字のプログラミングを体験する** 　ドット絵を作ることが困難な生徒もいるため、あらかじめ micro:bit に登録されているアイコンを表示する方法を学習する。また、課題に応じて、ドット絵の見本を参考にプログラミングを行う。 **教室を訪れる人を楽しませるイルミネーションを制作する** 　目的に応じた制作物を作ることを体験する。個々の制作物を集めることで、１つのイルミネーションにする。 **ツリーに飾って展示・発表する** 　生徒一人一人の作品について、工夫した点や難しかった点などを発表する。

（全2時間）

授業の流れ

	本時の展開	指導上の留意点
導入	①前回の復習を行う。	●プログラミングに関する既習内容については、学習内容の定着を図るため、丁寧に復習する。
展開	②LEDでアイコンや文字を光らせるプログラミングを行う。 	●個々の生徒の課題や進度に対応するため、教員だけでなく支援者とともに授業を行い、生徒一人につき1名の指導者が対応できるように配慮する。 ●生徒の気付きを促すことができるよう、自由に触れることができる時間も取るようにする。
	③教室に来た人を楽しませることを課題にイルミネーションを制作する。 	●生徒の実態や興味に応じて、アイコン、自作のドット絵、カタカナのメッセージ、英語の文字列などを組み合わせて、作品を作成する。 ●自作のドット絵がうまく作れない場合は、見本資料を活用し、支援者がサポートする。
まとめ	④ツリーに飾って発表会を行う。 	●発表の際は、個々の作品に注目できるように、micro:bit を大型モニターに表示させる。 ●個々の工夫や制作意図については、お互いのアイデアを今後のプログラミングで参考にできるよう、必要に応じて教員が補足する。

実践を振り返って

　本実践では、専門的な学習内容を理解しやすく指導するため、本校の教員に加えて外部講師としてNPO法人CANVASを招き、障害特性に応じた支援を行った。実施した学習グループは、発達段階や学習課題が多様な生徒の集団であり、普段から個別の対応が求められることが多い。プログラミングについても、理解や興味の幅が大きく、生徒一人につきほぼ1名の指導者が対応できる体制で実践を進められたことはメリットが大きかった。これにより、個々の実態や興味に応じて、柔軟に制作物を変えることができたため、諦めてしまったり、飽きてしまったりすることがなく、最後まで意欲的に学習を進めることができた。

　作成したイルミネーションは、小さなLED表示部を使ったものでありながら、好きなアイドルやアーティストの名前の後に「I LOVE YOU」と表示するようプログラミングしたり、友達への想いをメッセージやイラストに込めたりするなど、生徒の個性が発揮された非常に幅広いバリエーションの作品になった。

　ツリーに飾るイルミネーションという実物を完成させたことで大きな達成感を得た生徒たちは、自分の作品を堂々と発表することができた。PCの操作に慣れていないため、マウス操作を難しく感じる生徒もいたが、授業後のアンケートでは、全員がとても楽しかったと回答した。

外部講師とボランティア・スタッフを招き、生徒一人一人の課題に迫った

発展・応用に向けて

　micro:bit ならではの特性を生かし、プログラミングで実物のツリーを飾るイルミネーションを作り訪れる人を楽しませよう、という明確なゴールが設定されているところが本事例の特徴です。PCに全く触れたことのない生徒もいる中で、全2時間で完成できたのは、NPOやボランティアとの連携により一人一人の生徒に丁寧な支援ができたからだと考えられます。プログラミングという教員も初めてで不慣れな授業を進めていくには、学校以外の様々な機関にも協力してもらい、連携して授業を作っていくことも視野に入れておくとよいでしょう。今後ネットワークが整備されれば、オンラインでの講座や交流の可能性も広がり、そのようなチャンスも多くなるのではないかと考えられます。(**海老沢**)

おわりに

　教育の分野において、よく「不易」と「流行」ということが言われます。中央教育審議会の言葉を借りれば、前者はどんなに社会が変化しようとも時代を超えて変わらない価値のあるものとされます。具体的には豊かな人間性、正義感や公正さを重んじる心、自らを律しつつ、他人と協調し、他人を思いやる心、人権を尊重する心、自然を愛する心などであり、後者は時代の変化とともに変えていく必要のあるもの、となります。なるほど確かにこれらは大事であり否定する要素はひとかけらもないでしょう。しかし、私は、「不易と流行」のみ心がけていればよいというスタンスには納得できません。これだと、教育に携わる人は、そのすべてとは言わないまでも、歴史に培われた、あるいはそれに裏打ちされた現時点での常識や価値観のみを判断基準にしてしまっている可能性が否めません。しかし本当に求められるのは子供が大人になる20年後に通用し効果を発揮できる教育ではないでしょうか。

　イギリスの教育者で、世界最大手の教育サービス会社「ピアソン」の主席教育顧問であるマイケル・バーバー（Michael Barber）は「40年ギャップ説」を提唱しています。今現在の子どもを育てる親や教員は20年前に自分が受けた昔の教育の概念を無自覚のうちに判断基準にしているが、実は本当に必要な教育政策は、その子供たちが実社会で活躍する20年先を見据えたものであるべきだという考えです。この40年のギャップをどれだけの人が自覚できているでしょうか。今日、時代の変化の速度が非常に早く、20年も経てば、ライフスタイルもワークスタイルもまったく変わることが容易に推測されます。通信、交通、そして教育などはまさにその代表的な分野でしょう。1995年にWindows95が登場し、民生用パソコンとインターネットの普及で多くの人が「ネットサーフィン」を始め新しい時代の幕開けを感じだしたときに、その25年後である2020年、10代の若者が利用するのはパソコンではなく一人一台常に携帯するスマートフォンやタブレット端末のほうが多いという時代の到来をどれだけの人が予測できたでしょうか？　これからだって子供の生活する未来は予測できません。しかし、自分たちが子供のときには使っていなかった道具（モノ・コト・知識）が今入ってきているとすれば、それをどう使いこなすか、大切なのは道具に使われるのではなく、道具を使いこなせる子供たちになってもらうことであり、これが私も含めた教育に携わるものに求められるスタンスではないかと思います。つまり、流行を「追う」だけではダメで、流行に「シンクロ（同期）」していかなければならないでしょう。一方で、プログラミング教育における「不易」とは、第一章の各所でも述べられているように、まずもって、子供の実態把握に基づき、個々の特性や発達段階に応じた適切な支援の中で教育を行うという、まさに「特別支援教育」そのものを指しています。

　本書で事例を提供してくださった先生方は、学習指導要領においてプログラミング教育が

追加されたからしかたなく実施したというのではなく、まさに流行に「シンクロ」している先駆者です。先行事例がほとんどない中、手探りの状態から取り組んでこられたことにあらためて敬意を表します。

　そして、本書を手にとってくださった先生（あなた）。先生は少なくとも知的障害のある子供たちに対するプログラミング教育に関心があり、流行を追おうとしているチャレンジャーです。本書を、知的障害特別支援学校において、授業や学習活動を展開する方途としてのプログラミング教育を考える上での一つの指針として、アイデアを存分に活用していただけたらと思います。

　デジタルネイティブ世代の子供たちの今とこれからにとって、プログラミング教育ははたして福音となるのか、私たちに試されているのです。

水内豊和

【監修】

金森克浩 (日本福祉大学スポーツ科学部教授)

東京都立大学理学部数学科卒業、東京学芸大学大学院教育学研究科修士課程障害児教育専攻修了。修士 (教育学)。

特別支援教育士スーパーバイザー、福祉情報技術コーディネーター1級。

文部科学省「教育の情報化に関する手引」作成検討会構成員。文部科学省「新しい時代の特別支援教育の在り方に関する有識者会議」委員。文部科学省「障害のある児童生徒の教材の充実に関する検討会」委員。NHK for School「ストレッチマン・ゴールド」番組委員。

主な著書に、「発達障害のある子の学びを深める教材・教具・ICTの教室活用アイデア」(明治図書)、「〔実践〕特別支援教育とAT (アシスティブテクノロジー) 第1集〜第7集」(明治図書)、「知的障害特別支援学校のICTを活用した授業づくり」(ジアース教育新社)、「決定版!特別支援教育のためのタブレット活用」(ジアース教育新社)、「特別支援教育におけるATを活用したコミュニケーション支援」(ジアース教育新社) ほか多数。

【編著者】

水内豊和 (富山大学人間発達科学部准教授)

岡山大学教育学部養護学校教員養成課程卒業、広島大学大学院教育学研究科博士課程前期幼年期総合科学専攻修了、東北大学大学院博士課程教育情報学教育部教育情報学専攻修了。博士 (教育情報学)。

公認心理師、臨床発達心理士、福祉情報技術コーディネーター1級。

主な著書に、「よくわかる障害児保育」(ミネルヴァ書房)、「よくわかるインクルーシブ保育」(ミネルヴァ書房)、「ソーシャルスキルトレーニングのためのICT活用ガイド」(グレートインターナショナル)、「AI時代の『教育』を探る—実践研究者8人の予測—」(ミネルヴァ書房)、「AI研究でわかる『プログラミング教育』成功の秘訣」(大修館書店) ほか。

【著者】

海老沢穣 (東京都立石神井特別支援学校教諭)

早稲田大学教育学部教育学科卒業、東京学芸大学大学院教育学研究科修士課程障害児教育専攻修了。修士 (教育学)。

Apple Distinguished Educator Class of 2017、SDGs for School 認定エデュケーター。NHK for School「ストレッチマン・ゴールド」番組委員、全国放送教育研究会連盟事務局員。

青年海外協力隊派遣 (マレーシア・養護)。魔法のプロジェクト2014年度採択者。

東京都教育研究員、東京都ICT活用推進校事業、東京都研究開発委員、東京都情報モラル推進事業、東京都情報教育推進校事業、総務省プログラミング教育実証事業、Microsoft × CANVAS「Programming for ALL」事業、日本教育科学研究所研究指定事業など、多くの事業に中心的に携わる。

主な著作に、「タブレット端末を活用した創造性・表現へのアプローチ」『特別支援教育の実践情報』(2018.6/7)、「障害のある子どもの論理的思考を育てるプログラミング教育」『実践障害児教育』(2019.9/10) ほか、著書、論文、メディア掲載多数。

齋藤大地 (東京学芸大学附属特別支援学校教諭)

東京学芸大学教育学部初等教育教員養成課程卒業、筑波大学大学院人間総合科学研究科修士課程障害科学専攻修了。修士 (心身障害学)。

東京未来大学非常勤講師。学校心理士、Intel Teach Program マスターティーチャー。魔法のプロジェクト2015〜2019年度採択者ならびに魔法のティーチャー。2018年度パナソニック教育財団研究代表者ならびに優秀賞受賞。

主な著作に、「デジタル教科書を活用した予習により家庭生活スキルを獲得した取り組み」『実践障害児教育』(2018.7)、「伝わるよろこびを感じよう—2種類のVOCAアプリの活用—」『特別支援教育の実践情報』(2016.6/7) ほか、著書、論文多数。

山崎智仁 (富山大学人間発達科学部附属特別支援学校教諭)

都留文科大学文学部初等教育学科卒業、上越教育大学大学院修士課程学校教育専攻修了。修士 (学校教育学)。

富山大学非常勤講師。魔法のプロジェクト2017〜2019年度採択者。

主な論文に、山崎智仁・水内豊和 (2018) 知的障害特別支援学校の自立活動におけるプログラミング教育の実践—小学部児童を対象としたグリコードを用いて—. 日本STEM教育学会編STEM教育研究, 1, 9-17. 山崎智仁・水内豊和 (2020) ICTを活用した自閉スペクトラム症児へのコミュニケーション指導. 日本教育工学会編日本教育工学会論文誌, 43 (Suppl.) 13-16. ほか多数。

新時代を生きる力を育む

知的・発達障害のある子の
プログラミング教育実践

2020 年　3 月 18 日　第 1 版第 1 刷発行
2021 年 10 月 14 日　第 1 版第 2 刷発行

監　修　　金森 克浩
編　著　　水内 豊和
　著　　　海老沢 穣、齋藤 大地、山崎 智仁
発行人　　加藤 勝博
発行所　　株式会社 ジアース教育新社
　　　　　〒 101-0054　東京都千代田区神田錦町 1-23　宗保第 2 ビル
　　　　　TEL：03-5282-7183　FAX：03-5282-7892
　　　　　URL：https://www.kyoikushinsha.co.jp/

表紙デザイン・DTP　　土屋図形 株式会社
印刷・製本　　シナノ印刷 株式会社
Printed in Japan
ISBN 978-4-86371-534-9
○定価はカバーに表示してあります。
○乱丁・落丁はお取り替えいたします。（禁無断転載）